职业教育物流类专业产教融合创新教材

智慧物流与供应链基础

主　编　孙明贺

副主编　张　燕　范　鹏

参　编　韩学敏　王玉柱　赵金彦

机械工业出版社

"智慧物流与供应链基础"是物流类专业的专业基础课程，是专业中最重要的认知课程。本书主要内容包括现代物流发展、物流的功能要素、企业物流、国际物流、现代物流设备设施及技术应用、供应链管理等内容。本书坚持立德树人，体现全员育人思想，通过背景案例有效融入课程思政，强调德育的重要作用；通过单元目标，突出"知识为基础、能力为中心、素养为目标"三位一体的人才培养模式，突显职业教育的特点。同时，本书教学资源丰富，辅以生动的动画微课，内容紧扣企业工作实际，有效实现理实一体化教学。

本书适用于物流类现代物流管理、物流服务与管理等专业以及相近的财经商贸类（如跨境电商、数字营销等）专业的中高职学生教学，也可作为物流类专业培训用书。

图书在版编目（CIP）数据

智慧物流与供应链基础/孙明贺主编．—北京：机械工业出版社，2022.9（2025.6重印）

职业教育物流类专业产教融合创新教材

ISBN 978-7-111-71779-9

Ⅰ．①智… Ⅱ．①孙… Ⅲ．①智能技术—应用—物流管理—职业教育—教材 ②智能技术—应用—供应链管理—职业教育—教材 Ⅳ．①F252.1-39

中国版本图书馆CIP数据核字（2022）第187257号

机械工业出版社（北京市百万庄大街22号　邮政编码100037）

策划编辑：宋　华　　　　　　责任编辑：宋　华　邢小兵
责任校对：张晓蓉　张　薇　　封面设计：鞠　杨
责任印制：张　博

河北鑫兆源印刷有限公司印刷

2025 年 6 月第 1 版第 8 次印刷
184mm×260mm · 11.5印张 · 271千字
标准书号：ISBN 978-7-111-71779-9
定价：38.00元

电话服务　　　　　　　　　　　网络服务

客服电话：010-88361066　　　机 工 官 网：www.cmpbook.com
　　　　　010-88379833　　　机 工 官 博：weibo.com/cmp1952
　　　　　010-68326294　　　金 书 网：www.golden-book.com
封底无防伪标均为盗版　　　　机工教育服务网：www.cmpedu.com

前　言

随着"互联网+"技术的发展和智慧物流、智能制造业的发展，物流业已经进入高速发展期。在我国，物流作为经济活动的一个过程越来越显现出其重要性，物流业的地位、功能发生了重大变化，物流技术也有了重大突破，很多具有前瞻性的企业早就把物流作为提高市场竞争力和提升企业核心竞争力的重要手段。党的二十大报告指出："加快发展物联网，建设高效顺畅的流通体系，降低物流成本。加快发展数字经济，促进数字经济和实体经济深度融合，打造具有国际竞争力的数字产业集群。"《智慧物流与供应链基础》就是在物流产业升级和数字化改造过程中，集合物流的新理念、新技术、新管理思想，以及现代物流发展的特色、智慧物流和数字化供应链发展趋势等，给学生一定的认知，让其形成对物流的初步认识和了解。

本书依据理实一体化的要求，以职业典型工作过程为依据，通过案例导入引导学生进行行动式、体验式学习，以实现学生对物流基础知识和技能的初步认知。本书的主要特色有如下几点：一是通过动画微课深入浅出地展示知识点、技能点，更容易让学生掌握；二是单元教学，让学生具备较强的综合能力（专业能力＋社会能力＋方法能力）；三是注重培育职业素养，将职业素养有效融合，将职业角色代入课堂，潜移默化，立德树人；四是教学资源丰富多元，教学内容与时俱进，体现了新技术、新技能的创新应用；五是从企业工作实际出发，以1+X和技能大赛为技能训练标准，进行做中学、做中训。

本书由河北经济管理学校孙明贺老师担任主编，河北经济管理学校张燕、深圳市怡亚通供应链股份有限公司范鹏担任副主编，阜平县职业技术教育中心王玉柱、河北经济管理学校韩学敏、邯郸市肥乡区职业技术教育中心赵金彦参编。其中，张燕老师负责模块一的编写，韩学敏、赵金彦老师负责模块二的编写，孙明贺老师负责模块三、模块四、模块五的编写，以及所有动画微课的制作，王玉柱老师负责模块六的编写，范鹏负责企业案例的编写。特别感谢深圳市怡亚通供应链股份有限公司李铁光先生、北京九州通医药有限公司巴英女士、河北叁陆伍商业有限公司王丽宁女士给予的案例支持和技术指导。

因编者水平有限，书中难免存在错漏之处，敬请读者指正。

编　者

名　　称	页码	名　　称	页码
动画微课 01　了解物流的产生	2	动画微课 08　了解装卸搬运功能	44
动画微课 02　了解物流和物流业	5	动画微课 09　了解流通加工功能	52
动画微课 03　掌握现代物流的基本特征	10	动画微课 10　了解包装功能	57
动画微课 04　了解中国物流的发展	15	动画微课 11　了解信息处理功能	64
动画微课 05　了解储存功能	22	动画微课 12　了解企业物流	72
动画微课 06　了解运输功能	29	动画微课 13　了解供应物流	77
动画微课 07　了解配送功能	37	动画微课 14　了解生产物流	83

（续）

名　称	页码	名　称	页码
动画微课 15　了解销售物流	89	动画微课 21　了解现代物流作业技术	123
动画微课 16　了解回收与废弃物物流	95	动画微课 22　认识仓库基本设备设施	133
动画微课 17　了解国际物流	102	动画微课 23　认识自动化立库设备设施	147
动画微课 18　掌握国际货运形式	106	动画微课 24　了解供应链与供应链管理	155
动画微课 19　掌握贸易术语	112	动画微课 25　供应链合作伙伴选择	162
动画微课 20　了解国际货运代理业务流程	118	动画微课 26　供应链绩效评价	166

目　录

前言

二维码索引

模块一　了解现代物流与供应链的发展 1

　　单元一　了解物流与供应链的产生 2

　　单元二　了解物流和物流业 5

　　单元三　掌握现代物流和智慧物流的基本特征 10

　　单元四　了解我国物流的发展 15

模块二　掌握物流的功能要素 21

　　单元一　初探仓储与智能仓储 22

　　单元二　走近运输与智能运输 29

　　单元三　初识配送与智能配送 37

　　单元四　了解装卸搬运及智能装卸技术 44

　　单元五　了解流通加工及智能加工技术 52

　　单元六　了解包装及智能包装 57

　　单元七　了解智慧物流信息技术 64

模块三　认识企业物流 71

　　单元一　认识企业物流及其数智发展 72

　　单元二　认识供应物流 77

　　单元三　认识生产物流 83

　　单元四　认识销售物流 89

　　单元五　认识回收与废弃物物流 95

模块四　了解国际物流 101

　　单元一　了解国际物流及全球化战略 102

　　单元二　掌握国际货物运输的方式 106

单元三　掌握贸易术语 112

单元四　了解国际货运代理业务流程 118

模块五　认识现代物流设备设施及技术应用 122

单元一　了解智慧物流作业技术 123

单元二　认识仓库基本设备设施 133

单元三　认识自动化立库设备设施 147

模块六　树立供应链管理意识 155

单元一　了解供应链与数字供应链 155

单元二　了解供应链合作伙伴选择 162

单元三　了解供应链绩效评价 166

参考文献 173

模块一

了解现代物流与供应链的发展

模块简介

物流业是融合运输、仓储、货代、信息等产业的复合型服务业，是支撑国民经济发展的基础性、战略性产业。加快发展现代物流业，对于促进产业结构调整、转变发展方式、提高国民经济竞争力和建设生态文明具有重要意义。学习物流的历史、了解物流与供应链的发展，可以更好地归纳、总结物流行业发展的现状与趋势。

职业素养

通过对本模块的学习，让学生了解物流、供应链的发展历程，掌握我国及世界各国物流发展现状与趋势。培养学生尊重历史、尊重文化、爱国爱家的情感，树立学生对物流专业的自信心，提高学生在智慧物流领域的创新意识，培养吃苦耐劳、严谨细致的工作态度，树立安全、环保、节约的职业意识。

知识框图

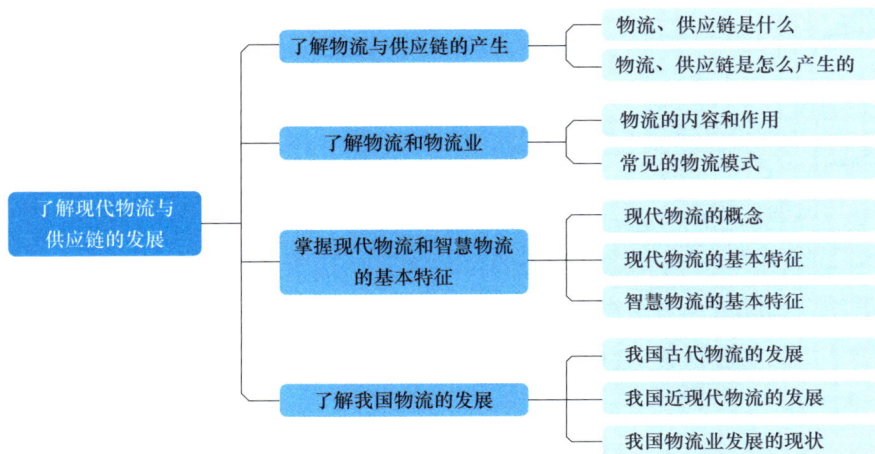

单元一 ▶ 了解物流与供应链的产生

单元背景

"丛林小火车"打通脐橙运输

动画微课 01
了解物流的产生

湖北秭归是我国著名的"脐橙之乡"。峡江两岸漫山遍野、崇山峻岭之中都种着脐橙和柑橘树。因为环境适宜，秭归脐橙和柑橘品质很高。但此前因为当地地貌特点，脐橙和柑橘的运输成了难题。而现在，群山间盘踞的"丛林小火车"，正是解决运输中"第一公里"的好帮手（见图1-1）。

图 1-1　原始背篓与"丛林小火车"

从背篓到轨道，一架"天梯"直通山顶，不仅避免了辛苦的背挑肩扛，还节省了人工成本。在 2020 年，因轨道运输而受益的果农已经节省了 2 000 万元人工成本。截至目前，整个秭归县已经铺设了 494 条单轨轨道车，长度 9 万多米，受益果园达 5 万亩。

在这样的新发展下，很多果农发自内心地说：这样的日子有奔头！

单元目标

📖 知识目标

1. 掌握物流的概念。
2. 了解物流的产生。

📖 能力目标

1. 能够结合实际讲身边的物流故事。
2. 能够认识到物流在各个行业中的重要作用。

📖 素养目标

1. 培养学生尊重历史、尊重文化、爱国爱家的精神。

2. 培养学生的创新意识。

3. 培养学生树立利用物流专业知识、物流技术服务社会的理念，如服务乡村振兴、扶农助农等。

知识储备

1. 走近物流

物流的原意为"实物分配"或"货物配送"，是为了满足客户的需要，以最低的成本，通过运输、保管、配送等方式，实现物品及相关信息由商品产地到消费地所进行的计划、实施和管理的全过程。

《中华人民共和国国家标准：物流术语（GB/T 18354—2021）》对物流的定义是：根据实际需要，将运输、储存、装卸、搬运、包装、流通加工、配送、信息处理等基本功能实施有机结合，使物品从供应地向接收地进行实体流动的过程（见图 1-2）。对供应链的定义是：生产及流通过程中，围绕核心企业的核心产品或服务，由所涉及的原材料供应商、制造商、分销商、零售商直到最终用户等形成的网链结构。

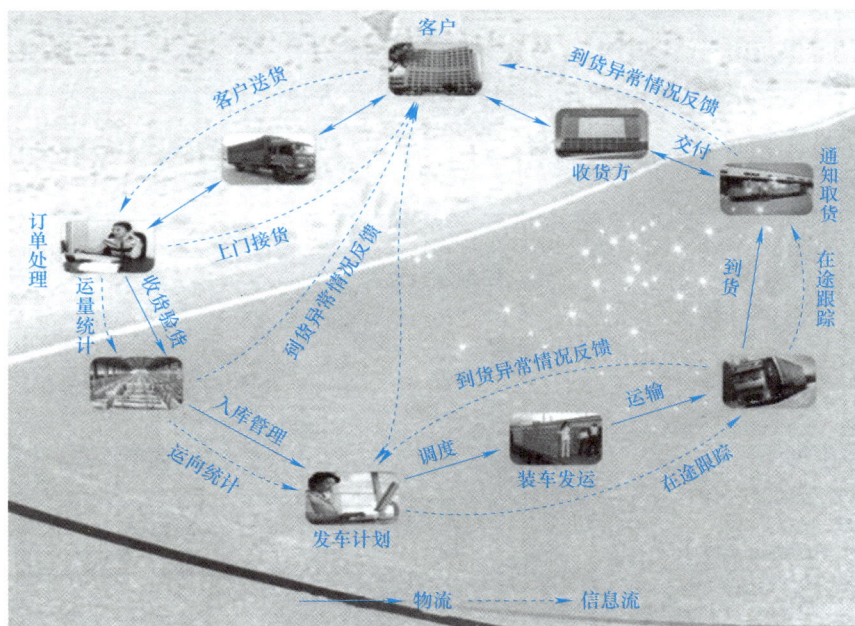

图 1-2　物流流程图

2. 物流、供应链的产生

关于物流概念的提出有不同的说法，一是美国市场营销学者阿奇·萧 1915 年在《市场流通中的若干问题》一书中提出的："物资经过时间或空间的转移，会产生附加价值。"另一种说法是美国少校琼西贝克于 1905 年，从军事后勤的角度提出的"Logistics"的物流概念。

1935 年，美国销售协会对物流进行了定义：物流（Physical Distribution）是包含于销售之中的物质资料和服务，包括从生产地到消费地流动过程中产生的种种活动。值得注意的是，这里的物流还是实物配送。

1956 年，日本早稻田大学教授宇野正雄等一行 7 人去美国考察，弄清楚了日本"流通技术"相当于美国"实物分配"，从此把流通技术按照美国的简称叫作"P.D"，"P.D"这个术语得到广泛使用。

1964 年，日本开始使用"物流"这一概念，并于 1965 年在政府文件中正式采用"物的流通"术语，简称物流。

1979 年，我国物资代表团赴日本参加第三届国际物流会议，回国后在考察报告中第一次使用"物流"这一术语。此后"物流"一词在中国开始普及。

2001 年，我国颁布《物流术语》国家标准，正式定义了物流的概念。

2021 年 12 月 1 日，《物流术语（GB/T 18354—2021）》正式实施。供应链最初起源于 1982 年美国彼得·德鲁克提出的"经济链"，后被哈佛大学商学院教授迈克尔·波特发展成为"价值链"，最终演变为现在的供应链。供应链是平台与资源的整合，是物流发展的高级阶段。

我国最早的物流公司是中国邮政，如图 1-3 所示。

图 1-3　我国最早的物流公司——中国邮政

小知识

物流公司分类

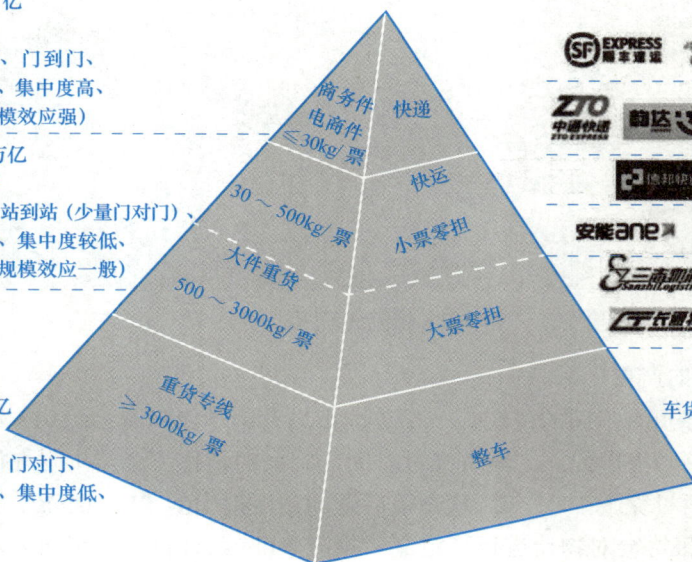

市场规模：7450 亿
单位价格：高
需求类型：B2C、门到门、标准化、信息化、集中度高、利润水平高（规模效应强）

市场规模：1.6 万亿
单位价格：中等
需求类型：B2B、站到站（少量门对门）、标准化、信息化、集中度较低、利润水平中等（规模效应一般）

市场规模：3 万亿
单位价格：低
需求类型：B2B、门对门、标准化、信息化、集中度低、利润水平低

商务件
电商件
≤30kg/票　快递

快运

30～500kg/票　小票零担

大件重货

500～3000kg/票　大票零担

重货专线
≥3000kg/票

整车

车货匹配

巩固提高

一、简答题

1. 请简述物流的产生过程。
2. 请简述不同类型物流公司的特点。

二、任务题

任务背景: 小明是一名中职学生,一天他在阅读美国、日本物流现状的相关文章时发现,世界上每个国家都有物流,但是各个国家物流发展的状况截然不同,于是就萌生了梳理世界各国物流发展现状的想法,请各位同学与小明一起完成这项工作吧!

任务要求: 结合世界各国物流发展的历史,讲述不同国家物流发展的现状。

任务实施: 根据搜集到的信息,填写下表。

不同国家物流发展的现状

序　号	国　　家	物流发展的现状
1	美国	
2	日本	
3	德国	
4	法国	
5	英国	
6	……	

单元二 ▶ 了解物流和物流业

单元背景

动画微课 02
了解物流和物流业

新冠疫苗是怎样"冷"运的?

入职 4 年多来,顺丰医药北京分部司机赵伟奇第一次接到运送疫苗的任务。"就拿车辆来说,这次运输新冠疫苗,我们驾驶的是全新款双冷机冷链车,时刻保持一个发动机制冷、另一个发动机备用的状态。"赵伟奇说,"公司下的任务相当严格,一支疫苗都不能流失,更不能有任何问题。"

截至 2022 年 5 月 16 日,我国累计报告接种新冠病毒疫苗 336 365.1 万剂次。这场规模巨大的接种工作,不仅给疫苗生产、接种组织带来了巨大压力,对疫苗运输也提出了更高的要求。那么,新冠疫苗都是通过什么方式运输的?我国疫苗运输能力能不能达到要求?运输的安全性有没有保障?

1. 运输要求有何不同

"医药冷链运输，被称为冷链行业金字塔的顶尖。"顺丰医药有关负责人如是说，不同于一般的生鲜冷链，疫苗冷链门槛更高。疫苗运输需要全程冷链，储存、运输全过程温度必须恒定在 2℃至 8℃之间，并定时监测、记录温度，对于硬件、软件、全程可控、相关认证等要求非常严格。

针对新冠疫苗，则有着更高的要求。在已有的《疫苗管理法》《疫苗储存和运输管理规范（2017 年版）》基础上，交通运输部会同国家卫生健康委、海关总署、国家药监局等部门，专门制定印发了《新冠病毒疫苗货物道路运输技术指南》，明确了新冠疫苗运输前期准备、运输过程、应急处置三大环节的技术指引，要求更加具体，连车厢内疫苗如何摆放都有规定。

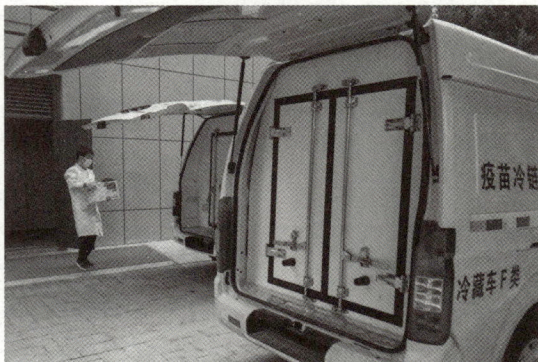

图 1-4　新冠疫苗冷运车

"公司对司机要求特别严，身体素质得过硬，还要驾驶经验丰富。"赵伟奇说，因为他入职顺丰前在青藏高原生活工作过，才得以入选。在疫苗运输过程中规定也特别多，休息、吃饭、上厕所时必须车上留一个人看着温度，确保安全。新冠疫苗冷运车如图 1-4 所示。

2. 综合运力能否满足

如此严格的要求，我国运输企业的综合运力能够满足吗？

从硬件设施来看，我国是冷链物流大国，冷链物流运送系统非常发达，再加上高速铁路和高速公路，配送流程和运输效率都没有问题。交通运输部新闻发言人此前表示，据初步摸排，我国综合排名前 30 的医药物流企业，拥有冷藏保温车超过 1 万辆、冷藏保温箱近 30 万个，整体可以满足疫苗生产、供应及接种的运输需要。

从运输经验来说，我国现有的常见疫苗储存和运输温度要求都在 2℃至 8℃，疫苗运输企业在这方面有比较充足的经验。而目前主要的新冠疫苗储运温度要求与此一致，企业在运输中不需要有大的调整，即可满足新冠疫苗运输要求。

单元目标

📖 知识目标

1. 掌握物流的内容和作用。
2. 了解我国市场常见的物流模式。

📖 能力目标

1. 能够分析物流活动。
2. 能够介绍身边的物流模式。

📖 **素养目标**

1. 通过对物流工作的了解，培养学生热爱劳动、珍惜劳动成果的优良品质。
2. 培养学生的成本意识，养成节约的良好习惯。
3. 增强学生学习的自信心，充分调动学生学习的主动性和创造性，培养和发挥学生的自主学习能力、创新能力。

知识储备

1. 物流的内容

物流是供应链活动的一部分，是为了满足客户需要而对商品、服务以及相关信息从产地到消费地的高效、低成本流动和储存而进行的规划、实施与控制的过程。物流的具体内容如图 1-5 所示。

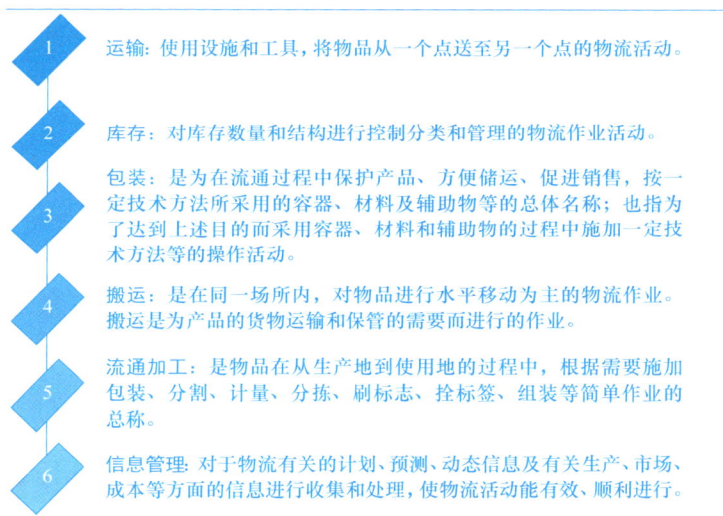

1 运输：使用设施和工具，将物品从一个点送至另一个点的物流活动。

2 库存：对库存数量和结构进行控制分类和管理的物流作业活动。

3 包装：是为在流通过程中保护产品、方便储运、促进销售，按一定技术方法所采用的容器、材料及辅助物等的总体名称；也指为了达到上述目的而采用容器、材料和辅助物的过程中施加一定技术方法等的操作活动。

4 搬运：是在同一场所内，对物品进行水平移动为主的物流作业。搬运是为产品的货物运输和保管的需要而进行的作业。

5 流通加工：是物品在从生产地到使用地的过程中，根据需要施加包装、分割、计量、分拣、刷标志、拴标签、组装等简单作业的总称。

6 信息管理：对于物流有关的计划、预测、动态信息及有关生产、市场、成本等方面的信息进行收集和处理，使物流活动能有效、顺利进行。

图 1-5 物流的具体内容

2. 物流的作用

（1）服务商流。

在商流活动中，商品所有权在购销合同签就的那一刻，便由供方转移到需方，而商品实体并没有因此而移动。除了非实物交割的期货交易，一般的商流都必须伴随相应的物流过程，即按照需方（购方）的需要将商品实体由供方（卖方）以适当方式向需方转移。在整个流通过程中，物流实际上是以商流的后继者和服务者的姿态出现的。没有物流的作用，一般情况下，商流活动都会退化为一纸空文。电子商务的发展需要物流的支持，就是这个道理。

（2）方便生活。

实际上，生活的每一个环节，都有物流的存在。通过国际运输，可以让世界名牌出现在不同肤色的人身上；搬家公司周到的服务，可以让人们轻松地乔迁新居；多种形式的行李托运业务，可以让人们在旅途中享受舒适和情趣。

（3）保障生产。

从原材料的采购开始，便要求有相应的物流活动，将所采购的原材料运送到位，否则，整个生产过程便成了无米之炊；在生产的各工艺流程之间，也需要进行原材料、半成品的流转，实现生产的流动性，就整个生产过程而言，实际上就是系列化的物流活动。合理化的物流，通过降低运输费用而降低成本，通过优化库存结构而减少资金占压，通过强化管理进而提高效率，从而有效促进整个社会经济水平的提高。

3. 我国市场常见的物流模式

所谓物流模式，又称物流管理模式，是指从一定的观念出发，根据现实的需要，构建相应的物流管理体系，形成有目的、有方向的物流网络，并采用某种形式的物流解决方案。

（1）自建物流。

自建物流又称自营物流，是指企业自身经营物流业务，建设全资或是控股物流子公司，完成企业物流配送业务，即企业自己建立一套物流体系。

简言之，即指企业自己经营的物流，而企业的主要的经济来源不在于物流。

📁 小知识

采取自营物流的电商企业

采取自营物流模式的电子商务企业主要有两类：

➢ 一是资金实力雄厚且业务规模较大的电子商务公司；
➢ 二是传统的大型制造企业或批发企业经营的电子商务网站。

目前规模较大的自营物流电商企业有京东、海尔、苏宁等。

（2）第三方物流。

《中华人民共和国国家标准：物流术语（GB/T 18354—2021）》对第三方物流（Third-Party Logistics，3PL）的定义为：由独立于物流服务供需双方之外且以物流服务为主营业务的组织提供物流服务的模式。

第三方物流是相对"第一方"发货人和"第二方"收货人而言的，是由第三方物流企业来承担企业物流活动的一种物流形态。第三方物流既不属于第一方，也不属于第二方，而是通过与第一方或第二方的合作来提供其专业化的物流服务。它不拥有商品，不参与商品的买卖，而是为客户提供以合同为约束、以结盟为基础的系列化、个性化、信息化的物流代理服务。

（3）物流一体化。

《中华人民共和国国家标准：物流术语（GB/T 18354—2021）》对物流一体化的定义为：根据客户物流需求所提供的全过程、多功能的物流服务，是以物流系统为核心的由生产企业经由物流企业、销售企业，直至消费者的供应链的整体化和系统化。它是物流业发展的高级和成熟阶段。

物流一体化是物流产业化的发展形式，它必须以第三方物流充分发育和完善为基础。物流一体化的实质是一个物流管理的问题，即专业化物流管理人员和技术人员，充分利用专业化物流设备、设施，发挥专业化物流运作的管理经验，以取得整体最优的效果。同时，物流一体化的趋势为第三方物流的发展提供了良好的发展环境和巨大的市场需求。

（4）第四方物流。

第四方物流（Fourth-Party Logistics，4PL）是一个供应链集成商，调集和管理组织自己及具有互补性服务提供的资源、能力和技术，以提供一个综合的供应链解决方案。

第四方物流不仅控制和管理特定的物流服务，而且对整个物流过程提出解决方案。第四方物流的关键在于为顾客提供最佳的增值服务，即迅速、高效、低成本和个性化的服务等。而发展第四方物流需平衡第三方物流的能力、技术及贸易流畅管理等内容，但亦能扩大本身营运的自主性。

第四方物流体现了企业在日益激烈的国际竞争环境中，系统控制成本和管理运作的努力，代表了未来物流发展的方向，在我国，第四方物流正处于探索、试验的阶段，成功的案例还很缺乏。

（5）物流联盟。

《中华人民共和国国家标准：物流术语（GB/T 18354—2021）》对物流联盟的定义为：以两个或两个以上的经济组织为实现特定的物流目标而形成的长期联合与合作的组织形式。物流联盟是以物流为合作基础的企业战略联盟，它是指两个或多个企业之间，为了实现自身的物流战略目标，通过各种协议、契约而结成的优势互补、风险共担、利益共享的松散型网络组织。

随着信息化技术的发展和我国物流市场需求的激增，物流企业之间通过联盟的方式建立合作伙伴关系，共同承担物流业务成为目前绝大多数物流企业的发展战略，尤其是中小型物流企业纷纷组建各种物流联盟。

📁 小知识

物流冰山说

物流是以降低物流成本为目的的，基于这个现实，日本早稻田大学教授西泽修先生提出了"物流冰山说"，即物流成本冰山理论。

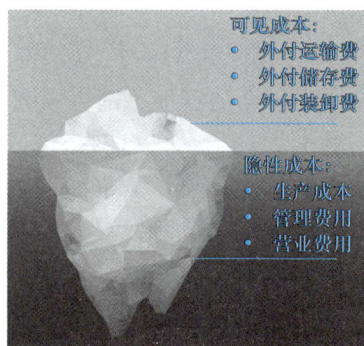

可见成本：
- 外付运输费
- 外付储存费
- 外付装卸费

隐性成本：
- 生产成本
- 管理费用
- 营业费用

"物流冰山说"指人们对于物流运输总体所需支付的费用并不是十分了解，我们在支付物流费用时，所支付的费用不过是委托的物流费（这一部分的费用只是物流运输总体所需支付费用中的一小部分而已），还有很多费用是物流运输总体费用中的隐形成本没有支付的一种说法。比如，向外部支付的运输费、储存费、装卸费等费用一般都会列入物流成本；而本企业内部发生的物流费用，如与物流相关的人工费、物流设施建设费、设备购置费，以及折旧费、维修费、电费、燃料费等也属于物流成本，这些都与物流费用的多少直接相关。即物流费用犹如一座海里的冰山，露出水面的仅是冰山的一角。

巩固提高

一、简答题

1. 请简述物流的内容和作用。
2. 请简述第三方物流和第四方物流的内容和特点。

二、任务题

任务背景： 小明在学习了本单元内容后，对物流有了更进一步的认识，他将 1PL、2PL、3PL、4PL（第一方物流、第二方物流、第三方物流、第四方物流）的相关内容进行了梳理，以区分不同物流模式的特点。

任务要求： 用图表或思维导图的形式说明 1PL、2PL、3PL、4PL 各自的特点。

任务实施：

第一步：以小组为单位，分别写出 1PL、2PL、3PL、4PL 的概念和内容。

第二步：分析 1PL、2PL、3PL、4PL 的不同或者优缺点。

第三步：用图表或思维导图的形式呈现 1PL、2PL、3PL、4PL 的区别。

第四步：进行组内讲解与分享，教师进行点评。

单元三 ▶ 掌握现代物流和智慧物流的基本特征

单元背景

动画微课 03　掌握
现代物流的基本特征

顺丰的现代物流网络布局

　　顺丰是国内的快递物流综合服务商，总部位于深圳，经过多年发展，已初步建立为客户提供一体化综合物流解决方案的能力，不仅提供配送端的物流服务，还延伸至价值链前端的产、供、销、配等环节。从消费者需求出发，以数据为牵引，利用大数据分析和云计算技术，为客户提供仓储管理、销售预测、大数据分析、金融管理等一揽子解决方案。

　　顺丰还是一家具有网络规模优势的智能物流运营商。经过多年的潜心经营和前瞻性的战略布局，顺丰已形成拥有"天网＋地网＋信息网"三网合一、可覆盖国内外的综合物流服务网络，其网络控制力强、稳定性高，属于独特稀缺的综合性物流网络体系。

1. 三网合一

（1）天网。

2009 年，顺丰航空成为我国首家民营货运航空公司，现今已发展为国内全货机数量最多的货运航空公司，拥有"全货机＋散航＋无人机"互为补充的天网体系。无论从全货机数量、航线数量还是运输能力上看，顺丰航空均在业内保持领先。

（2）地网。

经过多年发展，依托终端网点、中转分拨网络、运输队伍、配送队伍、客服团队等资源，顺丰已建成覆盖全国的快递网络，并向全球多个国家拓展。通过密集干支线布局、多种吨位的营运车辆，并与高铁资源合作，丰富陆运网络。仓储网络覆盖全国，为电商、食品冷运、医药冷运等众多行业提供全场景的仓配一体化服务。

（3）信息网。

顺丰通过大数据、区块链、人工智能、机器学习、智能设备应用等技术的综合应用，自主研发了一套完整的智慧网平台，包括顺丰物流各项核心营运系统、顺丰地图平台、大数据平台、信息安全平台、智能运维管理平台等，打造智慧化的坚实底盘，驱动业务决策，助力智慧物流升级。

2. 科技实力

顺丰一向重视并积极投入建设各项智慧物流设施，涵盖大数据及区块链、AI智能决策、智慧物流地图、自动分拣设备、智能硬件、物流无人机、数字化仓储、智慧包装、信息安全等多个方面。

单元目标

知识目标

1. 掌握现代物流的概念及其基本特征。
2. 掌握智慧物流的作用。

能力目标

1. 能够准确描述现代物流的基本特征。
2. 能够描述智慧物流的发展。

素养目标

1. 顺应物流产业升级和数字化改造需求，提高学生的创新意识。
2. 提升学生的团队协作能力。
3. 培养学生吃苦耐劳、乐于奉献的职业精神。

知识储备

1. 现代物流的概念

现代物流指的是将信息、运输、仓储、库存、装卸搬运以及包装等物流活动综合起来的一种新型的集成式管理，其任务是尽可能降低物流的总成本，为顾客提供最好的服务。我国许多专家学者认为：现代物流是根据客户的需求，以最经济的费用，将物品从供给地向需求地转移的过程。它主要包括运输、储存、加工、包装、装卸、配送和信息处理等活动。

2. 现代物流的基本特征

根据国内外物流发展情况，现代物流的主要特征可以归纳为以下几个方面：

（1）物流反应快速化。

物流服务提供者对上游、下游的物流和配送需求的反应速度越来越快，前置时间越来越短，配送间隔越来越短，物流配送速度越来越快，商品周转次数越来越多。

（2）物流功能集成化。

现代物流着重于将物流与供应链的其他环节进行集成，包括物流渠道与商流渠道的集成、物流渠道之间的集成、物流功能的集成、物流环节与制造环节的集成等。

（3）物流服务系列化。

现代物流强调物流服务功能的恰当定位与完善化、系列化。除了传统的运输、储存、流通加工、包装等服务外，现代物流服务在外延上向上扩展至市场调查与预测、采购及订单处理，向下延伸至配送、物流咨询、物流方案的选择与规划、库存控制策略建议、货款回收与结算、教育培训等增值服务；在内涵上则提高了以上服务对决策的支持作用。

（4）物流作业规范化。

现代物流强调功能、作业流程以及作业、动作的标准化与程式化，使复杂的作业变成简单的易于推广与考核的动作。

（5）物流目标系统化。

现代物流从系统的角度统筹规划一个公司整体的物流活动，处理好物流活动与商流活动及公司目标之间、物流活动与物流活动之间的关系，不求单个活动的最优化，但求整体活动的最优化。

（6）物流手段现代化。

现代物流使用先进的技术、设备与管理为销售提供服务，生产、流通、销售的规模越大、范围越广，物流技术、设备及管理越现代化。计算机技术、通信技术、机电一体化技术、语音识别技术等得到普遍应用。世界上先进的物流系统运用了全球卫星定位系统（GPS）、卫星通信、射频识别装置（RF）、机器人等技术设备，实现了自动化、机械化、无纸化和智能化。（见图 1-6）

图 1-6　物流手段现代化

（7）物流组织网络化。

为了保证对产品促销提供快速、全方位的物流支持，现代物流需要有完善、健全的物流网络体系，网络上点与点之间的物流活动保持系统性、一致性，这样可以保证整个物流网络有最优的库存总水平及库存分布；运输与配送快速、机动，既能铺开又能收拢。分散的物流单体只有形成网络才能满足现代生产与流通的需要。

（8）物流经营市场化。

现代物流的具体经营采用市场机制，无论是企业自己组织物流，还是委托社会化物流企业承担物流任务，都以"服务—成本"的最佳配合为总目标，谁能提供最佳的"服务—成本"组合，就找谁服务。物流的社会化、专业化已经占到主流，即使是非社会化、非专业化的物流组织也都实行严格的经济核算。

（9）物流信息电子化。

由于信息技术的应用，现代物流过程的可见性明显增加，物流过程中库存积压、延期交货、送货不及时、库存与运输不可控等风险大大降低，从而可以加强供应商、物流商、批发商、零售商在组织物流过程中的协调和配合以及对物流过程的控制。

小知识

传统物流与现代物流的区别

	传统物流特点	现代物流特点
1	传统物流只提供简单的移位，也就是说从某个地址运输到另外一个地址	把服务好顾客作为运输的内容之一，更加人性化
2	被动服务，不够自主化	市场营销观念的提升
3	物流成本受人工控制	物流成本降低
4	没有具体的规章制度和服务标准，不够细节化	对各项成本费用进行权衡，做出选择
5	注重点到点或者线到线的服务	决策系统化，且更加规范
6	单一环节的管理体系	将物流、商流和生产三个方面结合

3. 智慧物流的基本特征

《中华人民共和国国家标准：物流术语（GB/T 18354—2021）》中将智慧物流定义为：以物联网技术为基础，综合运用大数据、云计算、区块链及相关信息技术，通过全面感知、识别、跟踪物流作业状态，实现实时应对、智能优化决策的物流服务系统。即在流通过程中获取信息从而分析信息做出决策，使商品从源头开始就被实施跟踪与管理，实现信息流快于实物流。

智慧物流的基本特征与作用体现在如下几个方面：

（1）降低物流成本，提高企业利润。

智慧物流能大大降低制造业、物流业等各行业的成本，实打实地提高企业的利润。生产商、批发商、零售商三方通过智慧物流系统相互协作、信息共享，从而节省成本。其关键技术诸如物体标识及标识追踪、无线定位等新型信息技术的应用，能够有效实现物流的智能调度管理，整合物流核心业务流程，加强物流管理的合理化，降低物流消耗，从而降低物流成本，减少流通费用，增加利润。

（2）加速物流产业的发展，成为物流业的信息技术支撑。

智慧物流系统的建设，将加速物流产业的发展，集仓储、运输、配送、信息服务等多功能于一体，打破行业限制，协调部门利益，实现集约化高效经营，优化社会物流资源配置。同时，将物流企业整合在一起，将过去分散于多处的物流资源进行集中处理，发挥整体优势和规模优势，实现传统物流企业的现代化、专业化和互补性。此外，这些企业还可以共享基础设施、配套服务和信息资源，降低运营成本和费用支出，获得规模效益。

（3）为企业生产、采购和销售系统的智能融合打下基础。

随着 RFID 技术与传感器网络的普及，物与物之间互联互通，将给企业的物流系统、生产系统、采购系统与销售系统的智能融合打下基础。而网络的融合必将产生智慧生产与智慧供应链的融合，企业物流完全智慧地融入企业经营之中，打破工序、流程界限，打造智慧企业。

（4）使消费者节约成本，轻松、放心购物。

智慧物流通过提供货物源头自助查询和跟踪等多种服务，尤其是对食品类货物的源头查询，能够让消费者买得放心、吃得放心。增加消费者的购买信心，促进消费，最终对整体市场产生良性影响。

（5）提高政府部门工作效率。

智慧物流可全方位、全程监管食品的生产、运输、销售等环节作业，大大节省了相关政府部门的工作压力，同时，使监管更彻底、更透明。通过计算机和网络技术的应用，政府部门的工作效率将大大提高，服务更加快速、完善。

（6）促进地区经济进一步发展，提升综合竞争力。

智慧物流集多种服务功能于一体，体现了现代经济运作特点的需求，即强调信息流与物质流快速、高效、通畅地运转，从而降低社会成本，提高生产效率，整合社会资源。

巩固提高

一、简答题
1. 请简述现代物流的基本特征。
2. 请简述智慧物流的作用。

二、任务题
任务背景：上了物流课后，小明对物流越来越感兴趣，想更加深入地了解物流相关知识，于是他打算网购几本物流书籍，以便课后学习。

任务要求：通过体验网络购物的全过程，切身感受现代物流的快速和便捷。

任务实施：选择一个电商平台，通过计算机或手机进行一次购物，注意体验现代物流在网络购物中的重要作用。

单元四 了解我国物流的发展

单元背景

动画微课 04
了解中国物流的发展

古代的物流方式——驿站和镖局

21 世纪网购的兴起让物流这个行业在国内飞速发展，恨不得买根牙签都让物流公司代劳。古人没有这么好的条件，买什么只能亲力亲为。但是物流在古代也不是罕见的行业，隶属朝廷的驿站、民间的镖局，都是从事物流相关工作的。古代的丝绸之路也是一种物流，拿着在我国司空见惯的商品去换取其他国家的商品，有来有往。

1. "国营物流企业"——驿站

我国的物流行业发展极早，商朝时就有类似快递的驲（rì）传制度，周朝时已经要求传递信件的行夫"虽道有难，而不时必达"了。秦汉时期开始出现较为完善的驿传制度，时间、轻重缓急都有规定。驿站最早用于传递军事消息，汉高祖刘邦最开始的亭长职位除了管理基层治安，另外一个任务就是管配来往的文书。

隋朝时期隋炀帝开凿的大运河不仅为古代的物流行业带来了便利，于现代也是助益良多。唐朝的邮驿更是繁荣，不仅有陆地的驿站，水路上也开设了物流路线，从业人员多达两万人。运输的东西也不再限于军情、政令，还有王公贵族们想要的稀罕物。唐玄宗李隆基的宠妃杨玉环所吃的荔枝就是从千里之外的岭南先经水路连树带果实一起运到秦岭一带，再将摘下来的新鲜荔枝走陆地驿站快马加鞭送到了皇宫里，如此才保证了果实的鲜美口感（见图 1-7）。

图 1-7　古代驿站

唐朝是古代驿站规模最大的朝代。宋、元时期恢复以传递军事、政令为主，但是驿站的设施有所丰富。

2. "民营物流企业"——镖局

镖局虽然是"民营企业"，但却是个高危行业，所以要价昂贵，除了达官显贵和富商，普通人很难请得起。镖局运输的货物五花八门，除了金银珠宝、瓷器皮草以及刀枪弹药等贵重物品，还可以充当保镖保护人身安全。

镖局的收款方式一般是走镖前雇主先付三分之一左右订金，等到货物安全运到再付剩余的款项。为了保证货物在运输路上的安全，镖局还想出了明镖和暗镖的计策，明面上派一队人马护送假的货物走可能会遇上风险的路线，暗地里再偷偷将真正的货物运出。古代镖局如图1-8所示。

图1-8　古代镖局

驿站和镖局都是在社会的需求下产生的，如同朝代、政权的更替，社会的发展会让许多行业得到进步，也会淘汰许多行业，改变的只是不同时代人们的需求。

单元目标

📖 知识目标

1. 了解我国古代物流的发展。
2. 了解我国近现代物流的发展。

📖 能力目标

1. 能够讲解我国古代与"物流"相关的故事。
2. 能够描述驿站、镖局的作用。
3. 能够理清我国近现代物流发展的各个阶段。

📖 素养目标

1. 唐太宗李世民说："以铜为鉴，可以正衣冠；以人为鉴，可以明得失；以史为鉴，可以知兴替。"学习物流发展历史，有利于培养学生尊重历史、热爱历史的观念，加强爱国意识的培养。

2. 提升学生的自主学习能力和分析总结能力。

3. 通过学习我国古代历史，了解我国古代"快递"的不易，分享物流从业人员应具备的素养，树立吃苦耐劳、安全快速、准时保质、保密的职业意识。

知识储备

1. 我国古代物流的发展

（1）秦朝。

从宽泛的角度来说，物流业在我国已经发展了数千年，据可考察的文献记载，我国物流业发展的标准化最早见于秦朝。《礼记·中庸》记载："今天下，车同轨，书同文，行同伦。"秦朝统一了各种车辆车轨的大小，同时修筑以都城为中心的沟通全国各地的"路网驰道"，形成了高效的运输道路（见图1-9）。可见，当时的人们已经意识到实现物或者信息的快速流通的重要性。

图1-9　秦朝车辆

（2）汉朝。

西汉张骞和东汉班超通过出使西域开辟了以长安（今西安）、洛阳为起点，经甘肃、新疆，到中亚、西亚，并联结地中海各国的陆上通道，这条道路也被称为"丝绸之路"。通过"丝绸之路"把我国的丝绸、瓷器和其他制品引入西域各国，并把葡萄、核桃、胡萝卜等引入我国。

（3）隋朝。

隋朝疆域幅员辽阔，但黄河、长江、淮河等河流却多为东西走向，缺少南北走向的大通道，这也造成了我国经济文化发展的不平衡。在水运占主导地位的年代，十分需要一条沟通南北的水运干线。在这样的背景下，京杭大运河诞生了（见图1-10）。隋王朝在天下统一后即做出了贯通南北运河的决定，其动机已超越了服务军事行动的目的，隋开运河有经济方面的动机。纺织业在江南盛行，结果自然是棉花南运，布匹北运，太湖流域号称"衣被天下"，棉布和丝织品几百年来一直是运河上的主要货物。

图 1-10　京杭大运河

（4）唐朝。

在隋唐以前，海上丝绸之路只是陆上丝绸之路的一种补充形式。但到隋唐时期，由于西域战火不断，陆上丝绸之路被战争所阻断，代之而兴的便是海上丝绸之路。到唐代，伴随着我国造船、航海技术的发展，我国通往东南亚、马六甲海峡、印度洋、红海及至非洲的航路的纷纷开通与延伸，海上丝绸之路终于替代了陆上丝绸之路，成为我国对外交往的主要通道。

位于我国西南地区的茶马古道是以马为交通工具，进行民间商品贸易的通道。古道的诞生起源于古代西南边疆的茶马互市，后来成为云南向西藏输送茶叶的往来之路。其中青藏线在唐朝时期十分繁荣，行走在古道上的马帮为茶叶的传播做出了不朽的贡献。

（5）明朝。

镖局初称"标行""打行"，是集运输、武术和安保为一体的民间武装机构，主要运送货物为当时作为一般等价物的现银运输，同时也承接贵重物品的运输，保证押送的财物安全地运送到目的地。其目的主要是为了满足当时的银号等货币交割需要。

郑和下西洋是 15 世纪世界航海史上的空前壮举。庞大的舰队所包含的造船技术、航海技术是一座活动的科技展览馆，船上载的使用物品和交流物品更是一座博物馆，中华文化第一次在海上进行了大展示。郑和在把中华文化介绍到海外的同时，也把地理、海洋和丰富的异域政治、经济、民俗资料，以及货物、物种带回了中国。

2. 我国近现代物流的发展

我国近现代物流的发展，除了和我国的经济发展水平、经济结构、技术发展状况有关，还和我国的经济体制变革有直接关系。按照我国经济发展历程，1949 年以来我国物流的发展大致可以分为三个阶段：

（1）计划经济下的物流，即从 1949 年到改革开放前。

这一阶段是我国实行计划经济体制的时期，国家的整个经济运行处于计划管理之下，国家对各种商品特别是生产资料和主要消费品实行指令性计划生产、分配和供应。

（2）有计划的商品经济下的物流，即从改革开放到 20 世纪 90 年代中期。

十一届三中全会以来，随着改革开放步伐的加快，我国开始从计划经济向市场经济逐步过渡，即从计划经济向计划经济为主、市场经济为辅，计划经济和市场经济相结合的体制转变。市场在经济运行中的作用逐步加强，我国的经济运作从产品经济逐步向商品经济过渡，国内商品流通和国际贸易也不断扩大，物流业开始受到重视和发展。此时，不仅流通部门加强了物流管理，生产部门也开始重视物流问题。不仅国营物流企业的建设有所加强，同时一些集体和个体物流企业也有所发展。物流业已逐步打破部门、地区的界限，向社会化、专业化的方向发展。

（3）社会主义市场经济体制建立中的我国现代物流发展，即从提出建立社会主义市场经济体制到现在。

1993年，党的十四届三中全会通过了《中共中央关于建立社会主义市场经济体制若干问题的决定》，我国加快了经济体制改革的步伐，经济建设开始进入到了一个新的历史发展阶段。

3. 我国物流业发展的现状

进入21世纪以来，我国物流业总体规模快速增长，物流服务水平显著提高，发展的环境和条件不断改善，为进一步加快发展物流业奠定了坚实的基础。时至今日，随着我国产业结构日益走向规模化和专业化的格局，伴随信息技术的大量应用、电子商务的兴起以及对成本控制要求的提升，我国物流行业开始进入整合阶段，从无序走向有序，各种新的业态也开始涌现，例如供应链管理、整车零担运输等，也涌现出很多具有很强竞争力和成长能力的物流企业。

（1）我国社会物流总额稳步增长，需求增势良好。

近年来，我国物流需求规模屡创新高。2021年全年社会物流总额实现335.2万亿元，是"十三五"初期的1.5倍。按可比价格计算，同比增长9.2%。从社会物流总额结构看，物流需求结构随经济结构调整、产业升级同步变化。工业物流总体稳中有进，民生消费物流保持平稳增长。产业升级带来的高技术制造业物流需求发展趋势向好，引领带动作用增强。

（2）顺应需求升级新变化，物流市场活力进一步增强。

目前，我国物流体系建设稳步推进，适应市场物流需求变化，物流供给服务保持快速增长，支撑产业链、供应链韧性提升。2021年，全年物流业总收入11.9万亿元，同比增长15.1%。

物流行业实现快速发展的同时，市场活力也在进一步增强，主要体现在以下方面：一是物流企业竞争力提升，行业集中度提高；二是物流企业业务量及订单指数均位于较高水平，且总体水平有所提升，物流主体活力进一步激发。

（3）物流供应链韧性提升，畅通国内国际双循环。

近年来，我国物流运行效率、供应链响应水平不断加速提升，物流在畅通经济内外循环、保障产业链畅通稳定方面发挥了重要作用，助力单位物流成本稳中有降。

（4）物流政策环境良好，产业地位稳中有升。

2021年是"十四五"规划的开局之年，党中央、国务院高度重视构建现代物流体系，物流产业地位稳中有升。交通部、发改委、商务部、农业农村部等多部委针对我国物流产业的发展规划、体系构建、组织管理、服务标准等多个方面密集出台了一系列政策，为我国物流产业健康发展提供了坚实的政策保障。

（5）贯彻新发展理念，机遇与挑战并存。

目前，我国物流业的发展面临着诸多挑战。从外部环境来看，新冠肺炎疫情的冲击仍难以避免，加之百年变局加速演进等多重因素影响，外部环境更趋复杂、严峻和不确定；从物流行业自身来看，发展中仍存在着经营成本持续上涨、长期微利运营、劳动力存在结构性缺口等痛点。

同样，从长期来看，我国物流业的发展也具有多种积极因素和有利条件。"十四五"时期，我国物流业的发展迎来了新的战略机遇期，要加快推动现代物流体系建设，形成内外联通、安全高效的物流网络，实现现代物流质的稳步提升和量的合理增长，培育壮大具有国际竞争力的现代物流企业，引领现代物流体系建设迈入新征程。

巩固提高

一、简答题

1. 请讲述一个古代物流的小故事。
2. 请简述我国物流业发展的现状。

二、任务题

任务背景：小明这段时间一直在学习我国古代及近现代物流历史，他想把我国不同时期的物流特点进行梳理，请跟小明一起来归纳总结吧！

任务要求：结合我国历史，梳理我国古、今物流的各个发展阶段。

任务实施：梳理我国物流发展各阶段的特点并填写下表。

我国古、今物流的各个发展阶段

序　　号	发展阶段	物 流 特 点	主要运输工具
1	秦朝	车同轨	马车
2	汉朝		
3	隋朝		
4	唐朝		
5	明朝		
6	1949 年至改革开放前		
7	改革开放至 20 世纪 90 年代中期		
8	90 年代中期以后		
9	现代		

模块二

掌握物流的功能要素

模块简介

物流的功能要素指的是物流系统所具有的基本能力，这些基本能力有效地组合、联结在一起，便成了物流的总功能，就能合理、有效地实现物流系统的总目的，以实现物流的最终经济目标。

职业素养

通过对本模块的学习，让学生掌握物流的基本功能要素，掌握物流的发展现状与趋势，培养学生热爱科学的精神以及对物流专业的自信心，培养创新意识及对职业的自豪感，树立高质量发展的责任意识。

知识框图

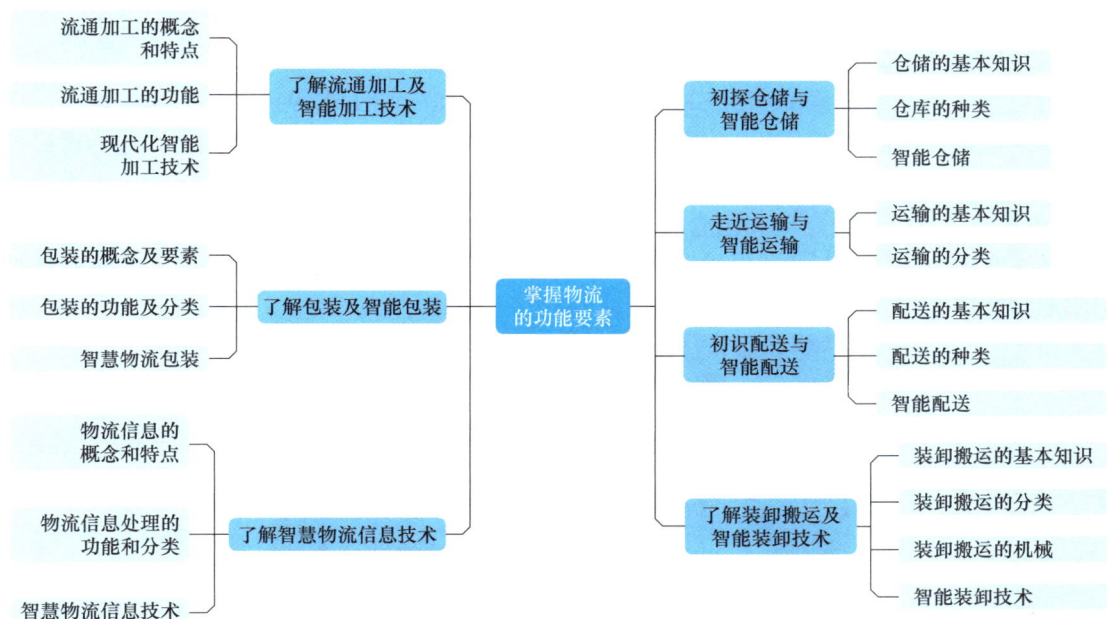

单元一 ▶ 初探仓储与智能仓储

单元背景

动画微课 05
了解储存功能

原来中国跨境电商的海外仓里都是机器人了！

2021 年，全球 AMR 引领者极智嘉（Geek+）与跨境供应链管理服务商龙头企业万邑通（WINIT）在第四届海外仓两会上，首次对外解密了全国首个落地的跨境出口超级机器人海外仓——万邑通美国肯塔基仓。

该仓库通过部署近三百台智能拣选机器人，使仓库拣选效率提升 2 倍以上，储存力提升 1 倍，拣选准确率达到 99.995%，为海外仓的智能化发展树立行业标杆，为支持"外循环"打造增速引擎（见图 2-1）。

图 2-1　全国首个落地的跨境出口超级机器人海外仓

1. 打造跨境电商服务新标杆

万邑通美国仓曾经面临海量 SKU、库存浅、用工贵、招工难等挑战。如何保证在不影响仓库平稳运行的前提下，提高物流时效性，实现降本增效，增强市场竞争力，成为曾经摆在万邑通面前的难题。

2019 年，万邑通决定对美国仓库内 2 万平方米的储存区域进行智能升级。经过严格的测试及综合实力评估，万邑通以机器人租赁的方式引入极智嘉智能物流机器人，实现智能拣选作业和智能仓储管理（见图 2-2）。

图 2-2　万邑通美国仓

在 3 个月内，数百台极智嘉 P800R 拣选机器人进驻万邑通美国仓，以全柔性货架及货位的设计，解决了超 25 万 SKU、浅库存的难题；同时，满足大、中、小件不同尺寸货物储存的需求，提升了库容利用率，储存力提升 1 倍。此外，人员需求减少 50%，拣选效率提升 2 倍以上，准确率高达 99.995%，实现仓库运营最优化。

2. "机器人即服务"——为跨境出海护航

通过极智嘉"机器人即服务（Robot-as-a-Service，RaaS）"服务模式的机器人租赁业务，万邑通美国仓能够以灵活的方式部署机器人，并且根据订单情况调整机器人数量，柔性应对业务波动。此外，由于极智嘉 RaaS 在国内拥有超 30 万平方米自营机器人仓，累积了丰富的智能仓运营经验，再加上极智嘉超过 30 个国家和地区的全球化项目落地经验，这些都为万邑通美国仓的顺利运营提供强大支撑。

3. 打造更强"出海利器"

在第四届海外仓两会现场，极智嘉与万邑通除了详细介绍美国仓以外，还针对日益复杂的海外仓拣选场景特点，演示了机器人组合方案——货箱到人 C200M 与货架到人 P800 的最佳"CP"组合，让大小件混合存储、海量 SKU、库存浅等复杂拣选难题迎刃而解。

该机器人组合解决方案更柔性、更灵活地解决了不同尺寸货品的存储拣选需求，同时可减少复杂场景下的二次合单流程。根据订单结构调整机器人配比，通过智能算法组合达到储存和效率的最优化，同时降低总体成本和管理复杂度。

单元目标

📖 知识目标
1. 掌握储存的功能与作用。
2. 掌握仓库的种类。

📖 能力目标
1. 能够根据商品的特点进行合理化储存。
2. 能够根据商品的特性区分出适合仓库的种类。

📖 素养目标
1. 帮助学生树立科技改变生活的观念，为适应将来社会发展的需求，努力学习新科学技术。
2. 培养学生自主学习、善于总结的能力。
3. 培养学生的安全意识、环保意识、节约意识，学会 7S 管理。

知识储备

一、走近仓储

仓储是物流极为重要的职能之一，与运输构成物流的两大支柱，同处于中心位置。仓储不但缓解了物质实体在供求之间时间和空间上的矛盾，创造了商品的时间效用，同时也保证了社会生产连续不断运行的基本条件。

在物流活动中许多决策都与仓储有关，如仓库数目、仓库选址、仓库大小、存货量等。

1. 仓储的概念

仓储是指利用仓库及相关设施设备进行物品的入库、储存、出库的活动（见图2-3）。其中，"仓"指的是用于存放、保管和储存物品的建筑物及其场地，包括房屋、大型容器、洞穴或特定场地等，它们共同具备存放和保护物品的功能；而"储"则代表了将物品储存起来以备将来使用的过程，涵盖了收存、保管以及交付使用的多重含义。

图2-3　商品储存

2. 仓储的意义

仓储对于调解生产、消费之间的矛盾，促进商品生产和物流发展都具有十分重要的意义。仓储过程就是在认识和掌握库存商品变化规律的基础上，灵活有效地运用这些规律，采取相应的技术和组织措施，削弱和抑制外界因素的影响，最大限度地减缓库存商品的变化，以保存商品的使用价值和价值。

（1）时间效用。

仓储的目的是消除物品生产与消费在时间上的差异。生产与消费不但在距离上存在不一致性，而且在数量上、时间上也存在不同步性。因此在流通过程中，产品（包括供应物流中的生产原材料）从生产领域进入消费领域之前，往往要在流通领域中停留一段时间，形成商品储备。同样，在生产过程中，原材料、燃料和工具、设备等生产资料和在制品，在进入直接生产过程之前或在两个工序之间，也有一小段停留时间，形成生产储备。这种储备保障了消费需求的及时性。

（2）"蓄水池"作用。

仓库是物流过程中的"蓄水池"。无论是生产领域，还是流通领域，都离不开仓储。企业的商品、物资，平时总是处在仓储状态，保管在生产或流通各个环节的仓库里，成为大大小小的"蓄水池"，以保证生产和流通的正常运行。

（3）降低物流成本。

现代物流中的仓库不仅是"储存和保管物品的场所"，还是促使物品更快、更有效地流动的场所。现代物流要求缩短进货与发货周期，物品停留在仓库的时间很短，甚至可以不停留，即"零库存"。进入仓库的货物经过分货、配货或加工后随即出库。物品在仓库中处于运动状态。通过仓储的合理化操作，减少储存时间，来降低仓储投入，加速资金周转，降低成本。因此，仓储是降低物流成本的重要途径。

（4）保存商品的使用价值和价值。

进行科学保管和养护，使商品或产品的使用价值和价值得到完好保存，也才能实现及时供货的意义。

库存商品看上去像是静止不变的，但实际上受内因和外因两方面的影响和作用。库存商品的变化是有规律的。商品保管就是在认识和掌握库存商品变化规律的基础上，灵活有效地运用这些规律，采取相应的技术和组织措施，削弱和抑制外界因素的影响，最大限度地减缓库存商品的变化，以保存商品的使用价值和价值。

📁 小知识

储存保管的功能

1. 储存保管是社会生产顺利进行的必要过程；
2. 储存保管能调整生产和消费的时间差别，维持市场稳定；
3. 储存保管有劳动产品价值保存的作用；
4. 储存保管是流通过程的衔接；
5. 储存保管是市场信息的传感器；
6. 储存保管是开展物流管理的重要环节；
7. 储存保管能提供信用保证；
8. 储存保管是现货交易的场所。

二、仓库的种类

国家标准《物流术语》（GB/T 18354—2021）对仓库的定义是：仓库是保管、储存物品的建筑物和场所的总称。一般是指以库房、货场及其他设施、装置为劳动手段，对商品、货物、物资进行收进、整理、储存、保管和分发等工作的场所。对于工业生产来说，则是指储存各种生产所需的原材料、零部件、设备、机具和半成品、产成品的场所。仓库管理与物流系统密切相关，它不仅对仓储系统，而且对整个物流系统都起着十分重要的作用。仓库管理的核心目标就是提高仓库的运作效率和生产率，充分有效地利用现有库存空间。

储存物资场所的种类很多，如车站站台、港口、码头及货站、货栈，甚至配送中心的备货场等。仓库与这些场所的主要区别在于：仓库对物资的储存带有防护性、保护性，需要配合一系列维护保养工作，且具有独立功能；储存时间也比在站、港、栈等处要长，其他储存物资场所则只是暂时性的，而且附属性很强。从现代物流系统的角度来看，仓库也是从事包装、分拣、流通加工等作业活动的物流节点设施。

1. 按照仓库的用途划分

（1）采购供应仓库。

采购供应仓库主要用于集中储存从生产部门收购的和供国际进出口的商品，一般这一类的仓库库场设在商品生产比较集中的大、中城市，或商品运输枢纽的所在地。

（2）批发仓库。

批发仓库主要用于储存从采购供应库场调进或在当地收购的商品，这一类仓库一般贴近商品销售市场，规模同采购供应仓库相比一般要小一些。它既从事批发供货，也从事拆零供货业务。

（3）零售仓库。

零售仓库主要用于为商业零售业做短期储货，一般是提供店面销售。零售仓库的规模较小，所储存物资周转快。

（4）储备仓库。

这类仓库一般由国家设置，以保管国家应急的储备物资和战备物资。货物在这类仓库中储存时间一般比较长，并且储存的物资会定期更新，以保证物资的质量。

（5）中转仓库。

中转仓库处于货物运输系统的中间环节，存放那些等待转运的货物，一般货物在此仅做临时停放。这一类仓库一般设置在公路、铁路的场站和水路运输的港口码头附近，以方便货物在此等待装运。

（6）加工仓库。

这类仓库主要发挥加工延迟功能，一般具有产品加工能力的仓库被称为加工仓库。

（7）保税仓库。

保税仓库是指为国际贸易的需要，设置在一国国土之上，但在海关关境以外的仓库（见图 2-4）。外国企业的货物可以免税进出这类仓库，前提是提前办理海关申报手续，而且经过批准后，可以在保税仓库内对货物进行加工、储存等作业。

图 2-4　保税仓库

2. 按照技术处理及保管方式划分

（1）原材料仓库。

原材料仓库是用来储存生产所用原材料的，这类仓库一般比较大。

（2）产品仓库。

产品仓库的作用是存放已经完工的产品，但这些产品还没有进入流通区域，这种仓库一般附属于产品生产工厂。

（3）冷藏仓库。

冷藏仓库用来储藏那些需要进行冷藏储存的货物（见图 2-5），一般是农副产品、药品等对于储存温度有要求的物品。

（4）恒温仓库。

恒温仓库和冷藏仓库一样也是用来储存对于储藏温度有要求的产品。

（5）危险品仓库。

它是用于储存危险品的（见图 2-6），危险品由于可能对于人体以及环境造成危险，因此在此类物品的储存方面一般会有特定要求。例如许多化学用品就是危险品，它们的储存都有专门的条例。

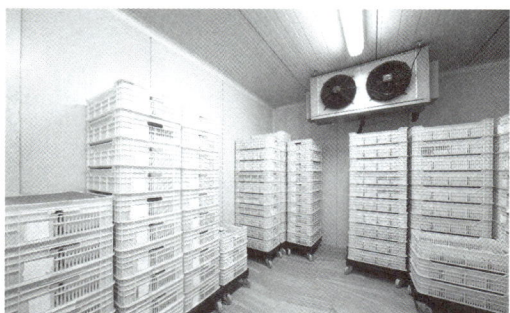

图 2-5　冷藏仓库

图 2-6　危险品仓库

3. 按照仓库的建筑结构划分

（1）平房仓库。

平房仓库是指建筑物是平房，结构简单，有效高度一般不超过 5 ～ 6 米的仓库（见图 2-7）。这种仓库建筑费用低廉，装卸货物方便，但其建筑面积利用率较低。

（2）多层仓库。

多层仓库一般为两层以上的建筑物，大多采用钢筋混凝土建造（见图 2-8）。仓库各层间依靠垂直运输机械联系，也有的楼层间以坡道相连，称为坡道仓库。多层仓库虽然存在搬运货物上下移动作业的缺点，但在土地受到限制的港湾、都市，建造多层仓库可以扩大仓库的实际使用面积。

图 2-7　平房仓库

图 2-8　多层仓库

（3）高层货架仓库（立体仓库）。

立体仓库一般采用平房结构，但高层棚顶很高，内部设施层数较多，具有可以保管 10 层以上托盘的仓库棚（见图 2-9）。立体仓库根据库房高度使用 9 米、12 米或 22 米高的货架，使货物堆放呈现立体化。当采用自动化的堆存和搬运设备时，便成为自动化立体仓库，亦称无人仓库。自动化立体仓库具有存货能力强、存取方便省力、自动化程度高的特点，是随着物流与信息技术的发展而出现的一种新型现代化仓库系统。

（4）散装仓库。

散装仓库是指专门保管散粒状或粉状物资的容器式仓库，如装谷物、饲料、水泥等的仓库。散装货物的进出率很高，可以配备空气输送等特殊装置，此类仓库大多是混凝土结构，目前也有使用钢板建造的散装仓库。

27

（5）罐式仓库。

罐式仓库是指以各种罐体为储存库的大型容器仓库（见图2-10），如球罐库、柱罐库等。

图 2-9　立体仓库　　　　　　　　　图 2-10　罐式仓库

4. 按照仓库的管理体制划分

（1）自用仓库。

自用仓库就是指某个企业建立的供自己使用的仓库，这种仓库一般由企业自己进行管理。

（2）公用仓库。

这是一种专门从事仓储经营管理的、面向社会的、独立于其他企业的仓库。

三、智能仓储

智能仓储是指采用先进的科学技术和智能化系统来实现仓库管理和物流运作的方式。通过集成物联网、人工智能、大数据分析等技术，智能仓储系统可以自动化、智能化地完成仓库内物品的储存、分拣、配送和管理等工作，提高仓库的效率和准确性。

智能仓储的核心目标是提高仓储管理的效率、准确性和灵活性，以满足现代制造业和物流业的需求。

📁 小知识

智能仓储的关键点和功能

（1）实时监控与数据分析：借助物联网技术，智能仓储系统能够实时监控仓库内的物料、货物和设备等信息，并将这些信息转化为数据进行深入分析。这些数据有助于企业管理者实时掌握仓库的运营状况，包括库存水平、货物流转情况，从而为决策提供支持并优化操作流程。

（2）智能仓柜及自动化设备：作为仓储系统的关键组成部分，智能仓柜具备自动化的存储和取货功能。通过 RFID、条形码识别等技术，智能仓柜能够自动识别货物，实现精确的存货和出货操作。此外，自动化搬运设备如自动导引车（AGV）、机器人等，可以实现智能化的货物运输和搬运，减少人工操作并提高运输效率。

（3）仓库操作流程的优化：智能仓储系统能够利用数据分析和模拟仿真技术，优化仓库的操作流程。例如，根据货物的销售情况和使用频率，对货物进行优化存放和调配，以提高仓库的空间利用率和查找效率。同时，智能仓储系统还可以根据实时需求和供应链状况，优化货物的进货和配送计划，以提高仓储的运作效率和准时交付率。

（4）库存管理和追踪：通过智能仓储系统，企业管理者可以实时掌握库存量、库龄和库存转化情况。

巩固提高

一、简答题

1. 请简述仓储的功能和作用。

2. 你家或学校附近是否有仓库？请描述一下它的外观，并说明它属于哪一类、有何特点。

3. 分析智能仓储的作用。

二、任务题

任务背景：小华是一名中职学生，想了解美的集团关于商品储存的相关信息，并进行了相关调查。

任务要求：学生阐述对于商品储存知识点的理解，并能结合调查，列举出美的集团主要的商品储存活动。

任务实施：

第一步：学生在网上搜索相关信息，如果条件允许可以进行实地调查。

第二步：记录相关的美的商品储存的信息。

第三步：学生进行分组，2～3人为一组，讨论本次调查的主要内容，为美的集团解决储存问题提出合理化建议，分小组进行汇报。

单元二 ▶ 走近运输与智能运输

单元背景

2021年，为贯彻落实党中央、国务院有关决策部署，高质量推进"十四五"时期国家物流枢纽建设工作，推动形成以国家物流枢纽为核心的骨干物流基础设施网络和多式联运体系，支撑构建以国内大循环为主体、国内国际双循环相互促进的新发展格局，国家发展改革委印发《国家物流枢纽网络建设实施方案（2021—2025年）》（以下简称《方案》）。

动画微课06
了解运输功能

根据《方案》，"十四五"期间将聚焦打造"通道＋枢纽＋网络"的现代物流运行体系。一方面，围绕推动存量国家物流枢纽高质量发展，整合优化存量物流设施，强化多式联运组织能力，促进国家物流枢纽互联成网，推动完善以国家物流枢纽为支撑的"轴辐式"

物流服务体系；培育发展枢纽经济、通道经济，打造经济和产业发展走廊。另一方面，围绕加快健全国家物流枢纽网络，按照"成熟一个、落地一个"的原则，稳步推进 120 个左右国家物流枢纽布局建设；支持城市群内国家物流枢纽共建共享共用和一体化衔接，强化都市圈物流网点体系与国家物流枢纽网络有机衔接、协同联动。

《方案》明确，国家发展改革委将会同有关方面加强对已纳入年度建设名单的国家物流枢纽建设运行情况动态监测和评估，推动完善枢纽培育和发展工作协调机制，统筹推进枢纽布局建设工作。同时，结合实际适时调整优化国家物流枢纽承载城市布局，重点补齐内陆地区枢纽短板，优化沿海地区枢纽布局，推动国家物流枢纽网络区域均衡布局。

2019—2020 年，国家发展改革委、交通运输部共确定了两批 45 个国家物流枢纽，覆盖全国 27 个省（区、市）。根据相关报告显示，国家物流枢纽总体运行成效显著，在服务国家战略和社会民生、推动区域经济融合发展等方面作用日益凸显。

单元目标

📖 知识目标

1. 掌握运输与智能。
2. 掌握运输合理化的影响因素。

📖 能力目标

1. 能够根据不同运输方式的优劣，进行运输方式的选择。
2. 能够开展合理化运输安排。

📖 素养目标

1. 通过对运输的了解及运输事故案例，培养学生安全责任意识。
2. 通过对运输岗位的了解，深刻理解吃苦耐劳、爱岗敬业的内涵，培养责任感。
3. 培养学生耐心专注、踏实严谨的服务意识。
4. 通过对现代运输的了解培养学生追求卓越、开拓进取、自主学习的精神，树立专业自信。

知识储备

一、走近运输

1. 运输的概念

运输是指用各种设备和工具，将物品从一个地点向另一个地点运送的活动，包括集货、分配、搬运、中转、装入、卸下、分散等一系列操作。运输有以下特点：

1）运输是在流通过程中完成的。
2）运输不产生新的实物形态产品。
3）运输产品计量的特殊性：采用复合单位计量，包括运输量和运输距离两个因素。
4）交通运输的劳动对象十分庞杂。

2. 智能运输

智能运输是指利用物联网、大数据、AI 等技术实现运输信息化和智能化。智能运输系统可以实现对运输过程的实时监控和管理，提高运输效率，降低成本，提高客户满意度。

智能运输系统利用 GPS 和传感器等先进技术，能够实时监控和管理车辆。此外，它还结合交通和天气预测技术，优化路线规划。通过对历史数据和运输数据的分析，智能运输系统可以进一步提升运输效率和精确度。

智能运输系统实现了物流的自动化、可视化、可控化、智能化和网络化，显著提高了资源的使用效率和生产力水平，助力物流行业实现成本降低和效率提升。

3. 运输在物流中的作用

（1）运输是社会物质生产的必要条件。

运输这种活动和一般生产活动不同，它不发明新的物质产品、不添加社会产品数量、不赋予产品新的使用价值，但是如果没有运输活动，则生产过程内部的各环节、生产与再生产、生产与消费之间就无法联系，则生产就无法继续下去，社会再生产就无法不断进行，因而，可以将运输看作社会物质生产的必要条件。

（2）运输可创造商品的场所效用。

因为物品存在"场所效用"现象，因而，经过运输改动物品的场所，将其运到功效最高的地区，就能发挥物品的潜力，完成资源的优化配置。从这个层面来讲，也就相当于经过运送创造商品的场所效用。

（3）运输是"第三利润源"的主要源泉。

所谓第三利润源，是针对企业的利润来源而言的。企业第一利润源来自企业销售额的增加，第二利润源是生产成本（针对制造商而言）或者进货成本（针对渠道商而言）的降低，而由降低运输成本所得的利润则成为企业第三利润源。在这里，运输被定义为对物资的流通配置，包括制造商、渠道商的装卸、运输、仓储、搬运等一系列的过程，对货运的重视被提高到降低成本、增加利润的高度，成为货运定义的第一个转折。

（4）运输是物流的主要功能要素之一。

从物流的概念来说，物流是"物"的客观性运动。这种运动不仅改变了物的时间状态，也改变了物的空间状态。而运输则承担了改变空间状态的首要使命，运输再配以搬运、配送等活动，就能圆满完成改变物的空间状态的全部任务。

在现代物流观念诞生之前，有不少观点将运输等同于物流，其原因就在于物流中很大一部分作业是由运输承担的，运输是物流的首要组成部分。

📁 **小知识**

智能运输系统

日本、美国和西欧等发达国家为了解决所面临的交通问题，竞相投入大量资金和人力，开始大规模地进行道路交通运输智能化的研究试验。最初进行了道路功能和车辆智能化的研究，随着研究的不断深入，系统功能扩展到道路交通运输的全过程及其有关服务部门，发展成为带动整个道路交通运输现代化的"智能运输系统（Intelligent Transportation System，ITS）"。智能运输系统的服务领域包括：先进的交通管理系统、出行信息服务系统、商用车辆运营系统、电子收费系统、公共交通运营系统、应急管理系统、先进的车辆控制系统。智能运输系统实质上就是将先进的信息技术、计算机技术、数据通信技术、传感器技术、电子控制技术、自动控制技术、运筹学、人工智能等学科成果综合运用于交通运输、服务控制和车辆制造，加强了车辆、道路和使用者之间的联系，从而形成一种定时、准确、高效的新型综合运输系统。

目前国内外对智能运输系统的理解不尽相同，但不论从何角度出发，有一点是共同的：ITS 是运用各种高新技术，特别是电子信息技术来提高交通效率，增加交通安全性和改善环境保护的技术经济系统。因此，智能运输系统是在较完善的交通基础设施之上，将先进的信息技术、通信技术、控制技术、传感器技术和系统综合技术有效地集成，并应用于地面交通系统，从而建立起来的大范围内发挥作用的，实时、准确、高效的交通运输系统。

二、运输的分类

1. 按照运输范围分类

（1）干线运输。

干线运输是指运输网中起骨干作用的线路运输。按分布的区域范围划分，一般跨越省、区（市）的运输线（包括铁路线、内河航线、沿海航线、航空线以及公路线等）所完成的客货运输为干线运输，省、区（市）范围内运输线上的客货运输为支线运输。按运输方式划分，一般铁路线，长江、珠江、黑龙江干流航道，沿海航线，跨省公路线以及国际航空线和国内特大城市间的航空线上的客货运输为干线运输，其余运输线上的客货运输为支线运输。

（2）支线运输。

支线运输是相对于干线运输来说的，是在干线运输的基础上，对干线运输起辅助作用的运输形式。支线运输路程较短，运输量相对较小。

（3）二次运输。

二次运输指经过干线与支线运输到站的货物，还需要再从车站运至仓库、工厂或集贸市场等指定交货地点的运输。

二次运输是一种补充性的运输方式，路程短、运量小。

（4）厂内运输。

厂内运输指企业内部直接为生产过程服务的运输活动。

2. 按照运输的作用分类

（1）集货运输。

集货运输指将分散的货物集聚起来集中运输的一种方式。因为，货物集中后才能利用干线进行大批量、远距离的运输，所以集货运输是干线运输的一种补充性运输，多是短距离、小批量的运输。

（2）配送运输。

配送运输通常是一种短距离、小批量、高频率的运输形式，它以服务为目标，以尽可能满足客户要求为优先。如果单从运输的角度看，它是对干线运输的一种补充和完善，属于末端运输、支线运输，主要由汽车运输进行，具有城市轨道货运条件的可以采用轨道运输，对于跨城市的地区配送可以采用铁路运输进行，或者在河道水域通过船舶进行。配送运输过程中，货物可能是从工厂等生产地仓库直接送至客户，也可能通过批发商、经销商或由配送中心、物流中心转送至客户手中。

3. 按照运输的协作程度分类

（1）一般运输。

一般运输主要是指在运输的全部过程中，单一地采用同种运输工具，或是孤立地采用不同种运输工具而在运输过程中没有形成有机协作整体的运输形式。如汽车运输、火车运输等为一般运输。

（2）联合运输。

联合运输是合理运输的主要组织活动形式之一。将不同的运输方式、几个运输企业，或产、供、运、销部门有机地衔接起来，对全运程进行统筹，使货物办理一次托运手续便能从产地或始发地迅速、简便、经济、安全地运达收货地。

联合运输是综合利用某一区间中各种不同运输方式的优势进行不同运输方式的协作，使货主能够按一个统一的运输规章或制度，使用同一个运输凭证，享受不同运输方式综合优势的一种运输形式。联合运输的最低限度要求是两种不同运输方式进行两程的衔接运输。联合运输按地域划分为国际联运和国内联运两种，国内联运较为简单，国际联运是联合运输最高水平的体现。

4. 按照中途是否换载分类

（1）直达运输。

直达运输是指客货在某一运输工具上从始发站（始发港）直接运至到达站（终到港），旅客中途不换乘、货物中途不换装（铁路整车货物中途无改编作业）的运送方法。其优点是减少客货运输的中转环节，加速客货送达和工具周转，提高运输质量，降低运输费用。在水运、民航部门又称"直航运输"，简称"直航"。

直达运输的优势包括：直达、直线运输是合理组织商品运输的重要方法之一。它可以减少商品的周转环节，打消商品的迂回、对流等不合理运输，从而减少商品的损耗，节约运输费用。品种简略、数目较大的商品或须尽可能缩短周转时间的商品，应采用直达运输。

（2）中转运输。

中转运输是指商品销售部门把商品送到某一适销地点，再进行转运、换装或分运的工作，如发货地用地方管辖的船舶发运，路途中换装交通运输部门所管辖的船舶运输；或火车整车到达后再用火车零担转运到目的地，都称为中转运输。

中转运输是商品运输的有机组成部分，是联结发货和收货的重要环节。它对于做到统

33

一发、收、转，适应商品多渠道运输，加速商品流转，做到商品合理组配，提高运输质量，节约运输费用，满足人民需要，都有重要的意义。

商品中转运输的必要性包括：因交通运输条件的限制和商品运量多少的变化，必须将商品运至某一个地点进行中转分运；从发运地到收货地虽有直达运输工具，但由于铁路零担运价高，有的地区发运时间长，为了节约商品运输费用和加速商品发运而采取合装整车运到适当的中转地，再进行分运；交通运输部门不办理联运的地区，必须由商业部门办理中转工作。

5. 按照运输设备及运输工具不同分类

（1）公路运输。

公路运输是在公路上运送旅客和货物的运输方式（见图 2-11），是交通运输系统的重要组成部分之一，主要承担短途客货运输。现代所用运输工具主要是汽车，因此，公路运输一般即指汽车运输。在地势崎岖、人烟稀少、铁路和水运不发达的边远或经济落后地区，公路一般为主要运输方式，起着运输干线作用。

图 2-11　公路运输

1）公路运输的优势：①适应性强。由于公路运输网一般比铁路网、水路网的密度要大得多，分布面也广，因此公路运输车辆可以"无处不到、无时不有"。公路运输在时间方面的机动性也比较大，车辆可随时调度、装运，各环节之间的衔接时间较短。②直达运输。由于汽车体积较小，中途一般也不需要换装，除了可沿分布较广的公路网运行外，还可离开路网深入到工厂企业、农村田间、城市居民住宅区等地，即可以把旅客和货物从始发地门口直接运送到目的地门口，实现"门到门"直达运输。这是其他运输方式无法与公路运输比拟的特点之一。③运送速度较快。在中、短途运输中，由于公路运输可以实现"门到门"的直达运输，中途不需要倒运、转乘就可以直接将客货运达目的地，因此，与其他运输方式相比，其客、货在途时间较短、运送速度较快。④资金周转快。公路运输与铁路、水路、航空运输方式相比，所需固定设施简单，车辆购置费用一般也比较低，因此，投资兴办容易，投资回收期短。⑤技术易掌握。

2）公路运输的劣势：①运量较小；②持续性差；③安全性低。

3）公路运输的适用范围：近距离、小批量的货运；水路、铁路难以到达的大批量货运高价值产品、限时运送的货物、急需货物的运输。

（2）铁路运输。

铁路货物运输是现代运输的主要方式之一，也是构成陆上货物运输的两个基本运输方式之一（见图 2-12）。它在整个运输领域中占有重要的地位，并发挥着越来越重要的作用。

铁路运输由于受气候和自然条件影响较小，且运输能力及单车装载量大，在运输的经常性和低成本方面占据了优势；再加上有多种类型的车辆，使

图 2-12　铁路运输

它几乎能承运任何商品，几乎可以不受重量和容积的限制，而这些都是公路和航空运输方式所不能比拟的。

1）铁路运输的优势：①运输能力大；②运行速度快；③运输成本低；④能耗低；⑤通用性好；⑥占地面积少；⑦受自然环境影响小；⑧连续性好。

2）铁路运输的劣势：①机动性差；②投资大，建设周期长；③受轨道限制，灵活性差。

3）铁路运输的适用范围：长距离、大批量货运；低价值、高密度的运输。

4）铁路运输的种类：按我国铁路运输技术条件，现行的铁路货物运输种类分为整车、零担、集装箱三种。整车适于运输大宗货物，零担适于运输小批量的零星货物，集装箱适于运输精密、贵重、易损的货物。

（3）水路运输。

水路运输是以船舶为主要运输工具，以港口或港站为运输基地，以水域包括海洋、河流和湖泊为运输活动范围的一种运输方式（见图2-13）。水运至今仍是世界许多国家最重要的运输方式之一。

图2-13　水路运输

1）水路运输的优势：①运载能力大、成本低、能耗少、投资少；②开发利用涉及面广。如天然河流涉及通航、灌溉、防洪排涝、水力发电、水产养殖以及生产与生活用水的来源等；海岸带与海湾涉及建港、农业围垦、海产养殖、临海工业和海洋捕捞等。

2）水路运输的劣势：①受自然条件的限制和影响大。即受海洋与河流的地理分布及其地质、地貌、水文与气象等条件和因素的明显制约与影响；水运航线无法在广阔的陆地上任意延伸，所以，水运要与铁路、公路和管道运输配合，并实行联运；②不能实现门到门运输；③航速较低。

3）水路运输的适用范围：沿江沿海地区大批量货物的运送；长距离、低价值、高密度货物；便于用机械设备搬运的货物。

4）水路运输的种类：①沿海运输，是使用船舶通过大陆附近沿海航道运送客货的一种方式，一般使用中、小型船舶；②近海运输，是使用船舶通过大陆邻近国家海上航道运送客货的一种运输形式，视航程可使用中型船舶，也可使用小型船舶；③远洋运输，是使用船舶跨大洋的长途运输形式，主要依靠运量较大的大型船舶；④内河运输，是使用船舶在陆地内的江、河、湖等水道进行运输的一种方式，主要使用中、小型船舶。

（4）航空运输。

航空运输，又称飞机运输，简称"空运"，它是在具有航空线路和飞机场的条件下，利用飞机作为运输工具进行客货运输的一种运输方式（见图2-14）。航空运输具有快速、机动的特点，是现代旅客运输，尤其是远程旅客运输的重要方式，也是国际贸易中的贵重物品、鲜活货物和精密仪器运输的主要方式。

图2-14　航空运输

1）航空运输的优势：①运输速度快；②受地形限制小；③航空运输服务质量较高，安全可靠。

2）航空运输的劣势：①运输成本高；②运输的载重量有限；③受天气影响较大。

3）航空运输的适用范围：价值高、运费承担能力强的货物；急需物资的运输。

4）航空运输的种类：①从航空运输的性质出发，一般把航空运输分为国内航空运输和国际航空运输两大类；②从航空运输的对象出发，可分为航空旅客运输、航空旅客行李运输和航空货物运输三类；③包机运输。包机运输是指民用航空运输使用人因为一定的目的包用公共航空运输企业的航空器进行载客或载货的一种运输形式，其特点是包机人需要和承运人签订书面的包机运输合同，仅在合同有效期内按照包机合同自主使用民用航空器，包机人不一定直接参与航空运输活动。

（5）管道运输。

管道运输是用管道作为运输工具的一种长距离输送液体和气体货物的运输方式，是一种专门由生产地向市场输送石油、天然气和化学产品等的运输方式，是统一运输网中干线运输的特殊组成部分（见图2-15）。

图2-15　管道运输

1）管道运输的优势：①运量大。一条输送管线可以源源不断地进行输送任务。根据其管径的大小不同，其每年的运输量可达数百万吨到几千万吨，甚至超过亿吨。②占地少。运输管道通常埋于地下，其占用的土地很少。③管道运输建设周期短、维护费用低。④管道运输安全可靠、连续性强。由于石油、天然气易燃、易爆、易挥发、易泄漏，采用管道运输方式，既安全又可以大大减少挥发损耗，同时由于泄漏导致的对空气、水和土壤污染也可大大减少。也就是说，管道运输能较好地满足运输工程的绿色化要求。此外，由于管道基本埋藏于地下，其运输过程受恶劣多变的气候条件影响小，可以确保运输系统长期稳定地运行。⑤管道运输耗能少、成本低、效益好。管道运输是一项连续工程，运输系统不存在空载行程，因而系统的运输效率高。理论分析和实践经验均已证明，管道口径越大、运输距离越远、运输量越大，运输成本就越低。以运输石油为例，管道运输、水路运输、铁路运输的运输成本之比为1:1:1.7。

2）管道运输的劣势：①专用性强。运输对象受到限制，承运的货物比较单一。只适合运输诸如石油、天然气、化学品、碎煤浆等气体和液体货物。②灵活性差。管道运输不如其他运输方式（如汽车运输）灵活，除承运的货物比较单一外，也不便于随便扩展管线，实现"门到门"的运输服务。对一般用户来说，管道运输常常要与铁路运输或汽车运输、水路运输配合才能完成全程输送。③固定投资大。为了进行连续输送，还需要在各中间站建立储存库和加压站，以促进管道运输的畅通。④专营性强。管道运输属于专用运输，其生产与运销混为一体，不提供给其他发货人使用。

3）管道运输的适用范围：利用管道输送气体、液体和粉状固体。

6. 不同运输方式特征对比

不同运输方式有着不同的特征，对比情况见表2-1。

表 2-1 不同运输方式特征对比表

	公　路	铁　路	水　路	航　空	管　道
运费	较高	较低	低	高	低
速度	较快	较快	慢	快	较快
频率	高	高	较低	有限	连续
受自然条件影响	小	较小	大	大	较小
适用范围	广泛	有限	有限	非常有限	专业化
距离	中短	长	超长	超长	长
运量	小	大	大	小	大
能力	较强	较强	较弱	强	弱

巩固提高

一、简答题

1. 请简述运输与智能运输的定义。
2. 请简述运输在物流中的作用。
3. 请简述五种运输方式的优劣势。

二、任务题

任务背景： 小雨是一名物流服务与管理专业的学生，小雨的妈妈让朋友从国外给自己代购了一个背包，并从国外邮寄回来。小雨想知道妈妈购买的商品是通过哪几种运输方式最终送到自己手中的。

任务要求： 学生阐述各种运输方式的优势和劣势，并能结合海外购物活动，列举出主要的运输方式。

任务实施：

第一步：学生进行分组，2 ~ 3 人为一组，进行一次海外购物活动或从网上查找相关购物信息。

第二步：重点记录海外购物过程中相关运输信息。

第三步：以小组为单位讨论本次网购运输的主要方式，比较各种运输方式的优缺点，并讨论为什么会选择这种运输方式。

单元三 ▶ 初识配送与智能配送

单元背景

无人机 + 无人车，助力京东攻克农村配送难题

农村物流由于位置偏远、订单分散、配送困难，现在基本全靠人来完成农

动画微课 07
了解配送功能

村订单配送，配送效率较低且配送成本很高。现有技术中，货物由仓储站发往乡镇配送站，配送员按地址逐一送达，或者买家到乡镇配送站自取。

此外，由于位置偏远、基础设施较差，导致目前农村物流配送时间长、配送成本高。由于地理环境的影响，个别偏远地区的村庄还不支持送货上门服务，需要买家到乡镇配送站自取，不仅降低了用户体验及网购意愿，而且导致巨大的网购消费潜力无法释放。

因此，为解决农村配送的难题，京东拟借助无人机与无人车相结合的联动配送方案，来解决农村物流配送难题。

该方案是基于无人机和无人车的联动，以乡镇配送站为枢纽来完成的。调度平台可以为无人机下发固定航线，无人机在接收到航线路径后，沿航线路径将货物从配送站送到交接地点，之后无人车开始接收货物。在货物交接完成后，无人机沿固定航线返回乡镇配送站，准备下一次任务。而此时无人车开始进行订单配送，将货物送达订单地址。用户收取货物之后，无人车就完成了目标货物的配送。其中，系统中的定位设备可以实现对无人机和无人车的定位，便于调度平台实时监控两者的状态，并为其提供导航路径规划服务。

借助于这种物流系统，针对目前农村地区订单分散、配送困难的状况，通过使用无人机与无人车联动的配送方案，替代配送员配送模式，可以极大地缩短配送时间和节约物流成本，从而为农村带来了和城市网购一样的物流速度体验，实现农村的智能物流。

单元目标

📖 知识目标
1. 掌握配送的特点、作用及种类。
2. 掌握智能配送的优势。

📖 能力目标
1. 能够进行配送合理化的方案设计。
2. 能够进行配送中心的主要作业操作。

📖 素养目标
1. 通过内容学习，增强学生掌握物流专业知识的自信和物流一体化意识。
2. 培养学生绿色环保、爱护环境的责任意识。
3. 培养学生自主学习能力，追求新技术、新设备的创新能力。

知识储备

一、走近配送

对于物流活动来讲，配送几乎包括了所有的物流功能要素，是物流活动的缩影或在某小范围中物流全部活动的体现。一般的配送集装卸、包装、保管、运输于一身，通过这一系列活动实现将货物送达的目的。

1. 配送的概念

配送是根据客户要求，对物品进行分类、拣选、集货、包装、组配等作业，并按照要求送达指定地点的物流活动（见图 2-16）。

2. 配送的特点

1）配送是一种末端活动。配送的对象是零售商或用户，所以配送处于供应链的末端，是一种末端物流活动。

2）配送是一种综合性物流活动。配送过程包含了采购、运输、储存、流通加工、信息处理等多项物流活动，是一种综合性很强的物流活动。

图 2-16　配送

3）配送以用户的需要为出发点。配送是从用户利益出发，按用户的需要进行的一种活动，体现了配送服务性的特征。配送的时间、数量、规格都必须按用户的需要进行，以用户满意为最高目标。

4）配送是"配"和"送"的有机结合。配送的主要功能是送货，科学、经济地送货以合理配货为前提。即送货达到一定的规模，可以更有效地利用运输资源，于是产生了配送。少量、偶尔地送货不能说是配送。

5）配送是物流活动和商流活动的结合。配送作业的起点是集货，必然包括订货、交易等商流活动。在买方市场占优势的现代社会，由于商流组织相对容易，故配送被视作一种以物流活动为主的业务形式。

3. 配送的作用

配送本质上是运输，创造空间效用自然是它的主要功能；但配送不同于运输，它是运输在功能上的延伸。相对运输而言，配送除创造空间效用这一主要功能之外，其作用还有其他方面。

（1）完善物流系统。

物流系统由结构方式、结点和连线组成。物流总体合理化可以说就是要使方式和结点现代化，使连线完善化，并达到方式、结点和连线的协调运行。发展配送制，通过建立大型现代化的物流结点，实现仓库布局合理；通过货物包装的集装化，装卸的机械化、托盘化、省力化、自动化等来加强结点的改造和完善，从而促进物流系统的完善。

（2）提高末端物流的经济效益。

配送将客户的需要集中在一起进行一次发货，可以代替过去的分散发货，并允许客户进行一次订货来代替过去的多次订货。配送以其灵活性、适应性、服务性，解决了过去末端物流的运力安排不合理、成本过高等问题，从而提高了末端物流的经济效益。

（3）实现低库存或零库存。

配送以较低的集中库存总量取代了较高的分散库存总量，并提高了供应保证程度，可以使企业实现低库存或零库存。配送可以进行多批次、少批量的送货，从而使客户的平均储备库存趋近于零。

（4）方便客户。

物流结点按照服务范围内客户的需要，批量购进各种资源，与客户建立比较稳定的供

需关系。一般实行计划配送，而对少数客户的临时需要，也进行即时配送服务，客户进行一次性购买活动就可以买到多种商品，简化了交易次数及相应的手续，极大地方便客户。

（5）保证供货。

配送企业依靠自身联系面广、多方面组织货源的优势，可按客户企业的要求，及时供应货物。若组织到的货源不能满足客户的需要，配送企业还可利用自己的加工能力进行加工改制，以适应客户的需要并及时将货物送到客户手中。如果客户自己采购，由于精力或其他方面所限没有采购到或采购的货物不适应，必将影响商品的供应，使生产受到影响。所以，配送的发展在某种程度上可以提高供应的保证程度，使整个社会的生产比较协调地发展。

二、配送的种类

配送在长期的实践中以不同的运作模式和特点来满足客户的不同需求，形成不同的配送形式。配送作为一种流通组织形式，包含配送主体、管理主体、配送对象、服务对象等。

配送的种类按照不同的对象可以分为不同的配送形式。

1. 按照配送的组织主体分类

（1）配送中心配送。

配送中心配送是配送的主要形式。配送中心是专门从事货物配送活动的流通企业，经营规模较大，其设施和工艺结构是根据配送活动的特点和要求专门设计和设置的，故专业化、现代化程度高，设施或设备比较齐全，货物配送能力强。不仅可以进行远距离配送，还可以进行多品种货物配送；不仅可以配送工业企业的原材料，还可以承担向批发商进行补充性货物配送。

配送中心配送的组织者是专职配送中心，规模比较大。其中，有的配送中心由于需要储存各种商品，储存量也比较大；也有的配送中心专职组织配送，因此储存量较小，主要靠附近的仓库来补充货源。

由于配送中心专业性比较强，与用户之间存在固定的配送关系，因此一般情况下都实行计划配送，需要配送的商品有一定的库存量，但是一般很少超出自己的经营范围。

（2）仓库配送。

仓库配送是以一般仓库为据点来进行配送，它可以是把仓库完全改造成配送中心，也可以在保持仓库原有功能的前提下，以仓库原有功能为主，再增加一部分配送职能。

由于仓库配送并不是按配送中心要求而专门设计和建立的，所以一般来讲，仓库配送的规模较小，配送的专业化也比较差。但是由于可以利用原仓库的储存设施及能力、收发货场地、交通运输线路等，所以可以及时开展中等规模的配送并选择配送的形式，同时也较为容易利用现有条件而不需大量投资。

（3）商店配送。

商店配送的组织者是商业或货物的门市网点，这些网点主要承担商品的零售，一般来讲规模不大，但经营品种比较齐全。除日常经营的零售业务外，这种配送方式还可以根据用户的要求，将商店经营的品种配齐或代用户外定、外购一部分本店平时不经营的商品与商店经营的品种一起配齐运送给客户。

商店配送组织者实力有限，往往只是进行零星商品的小批量配送，所配送的商品种类繁多，但是用户需用量不大，甚至有些商品只是偶尔需要，很难与大配送中心建立计划配送关系，所以常常利用小零售网点从事此项工作。

由于商业及货物零售网点数量较多，配送半径较小，所以比较灵活机动，可承担生产企业非主要生产物资的配送以及对消费者个人的配送。可以说，这种配送是配送中心配送的辅助及补充形式。

（4）生产企业配送。

生产企业配送是指生产企业自行配送，而不需要再将产品发运到配送中心进行中心配送的一种配送方式。

这种配送形式的组织者是生产企业，尤其是进行多品种生产的生产企业。这些企业可以直接从本企业开始进行配送，而不需要再将产品发运到配送中心进行中心配送。

2. 按照配送时间及数量分类

（1）定时配送。

定时配送是指根据配送企业和客户双方达成的配送时间协议，按照规定的时间和时间间隔进行配送。配送的品种及配送的数量可预先在协议中确定，实行计划配送，也可以根据客户的实际需要以双方商定的信息联络方式通知配送品种及数量。

（2）定量配送。

定量配送是指按事先双方协议规定的数量进行配送。定量配送的数量固定，备货工作有较强的计划性，可以按托盘、集装单元及车辆的装载能力来有效地选择配送的数量，配送效率高。

（3）定时定量配送。

定时定量配送指按照规定的配送时间和配送数量进行配送，兼有定时配送、定量配送两种方式的优点，是一种精细化的配送服务方式。

（4）定时定路线配送。

定时定路线配送是指在规定的运行路线上，制定配送车辆到达的时间表，按运行时间表进行配送。客户可以按照配送企业规定的路线及规定的时间选择这种配送服务，并按指定时间到指定位置接货。

（5）即时配送。

即时配送是指完全按照客户提出的时间、数量方面的配送要求，即时进行配送的方式。

3. 按照配送企业的专业化程度分类

（1）综合配送。

综合配送是指企业以供应链管理为指导思想，全面系统地优化和整合企业内外部物流资源、物流业务流程和管理流程，对生产、流通过程中的各个环节实现全方位综合配送，充分提高产品在制造流通过程中的时空效应，形成高效运行的物流配送模式。

（2）专业化配送。

专业化配送是根据产品的性质进行分类，由各个专业配送企业分别、独立地进行配送。

4. 按照配送合理化程度分类

1）一个配送企业如配送中心，综合不同生产商和不同批发商的要求，在配送时间、数量、次数、路线等方面的安排上，以及客户可以接受的前提下，做出全面规划和合理计划，以实现配送的优化。

2）由一辆配送车辆混载多个商家的货物的配送，是一种较为简单易行的共同配送模式。

3）由连锁公司、零售商、批发商共同组建的配送中心向同一城市或者同一地区众多零售店铺进行共同配送。

三、智能配送

1. 智能配送的定义

智能配送是指在制订配送计划时，运用计算机技术、图论、运筹学、统计学等方面的技术，由计算机根据配送的要求，选择最佳的配送方案而进行配送的形式。

2. 智能配送的优势

（1）提高物流管理能力。

通过信息化的管理和记录，让业务数据的记录和保存更加规范和完善。智能系统的使用，可以降低人为因素的影响，企业可以得到最新、最全、最准确的库存信息。

（2）实现配送网络化。

利用互联网连接，不受地区和时间的限制，业务沟通及时、准确；采用信息化的实时互动，可以精细化运作，避免配送延误和差错。

（3）降低业务和管理成本。

通过数据共享大大节约了沟通成本，同时通过信息化的记录统计，减少了人工记录的成本，也降低了人为记录数据出错的概率。

（4）信息安全得到保障。

与电子商务网站相连接，实现"商＋物＋钱"的三流一体化信息系统，通过网络记录客户信息，避免信息外泄而造成损失。

（5）提高客户满意度。

通过系统管理，可以为终端提供更加专业化和个性化的服务，极大地提高了客户的信任感和满意度，全面提升企业对外的形象，增强企业的核心竞争力。

小知识

配送与运输的区别

	配 送	运 输
运输性质	地区内的支线运输	地区间的干线运输
运输工具	汽车为主	各种交通工具
供应链位置	前端或末端运输	中间流程
距离	短距离	中长距离
物流特点	多品种、小批量、多批次	少品种、大批量、少批次
运输周期	短周期	长周期
功能类型	综合功能，几乎包括物流的所有功能要素	单一功能，货物位置转移

📁 **小知识**

仓库、配送中心、物流中心的区别

仓库是保管和保养货物的场所的总称；配送中心是储存众多货物且将储存周期较短的货物配送给众多零售店（如专卖店、连锁店、超市等）或最终客户的场所；而物流中心是储存众多货物且将储存周期稍长的货物送达配送中心的场所。

仓库的功能相对单一，一般只具备保管和储存等基本功能，不具备包装、流通加工及信息处理等功能。

配送中心的特点包括：其位置处于物流的下游；一般储存货物的品种较多、储存周期短；为使零售店或最终客户不设库或少设库以及不设车队，具有强大的多客户、多品种、多频次、少批量的拣选和配送功能。因为多客户、多品种才能实现保管、运输作业的规模化、共同化，从而节约费用。配送中心一般采用"门到门"的汽车运输，其作业范围较小（20～300公里），一般只为本地区的最终客户服务。有时，配送中心还有流通加工的业务，如钢材的定尺加工，食品由大的运输包装改为小的零售包装，饲料由单一改为复合饲料等，从而实现服务的延伸和增值。

物流中心的特点包括：处于物流的中游，是制造厂仓库与配送中心的中间环节，一般离制造厂仓库与配送中心较远。为保证运输的经济性，一般采用大容量汽车或铁路运输和少批次、大批量的出入库方式。

仓库、配送中心、物流中心都是自营或代客户保管和运输货物的场所，要绝对地区分是较困难的，有时它们的业务范围有明显的交叉性；所谓的多客户、多品种、多频次、少批量的拣选或大容量汽车、铁路运输和少批次、大批量的出入库方式等，也是相对而言。仓库已逐步地被物流中心和配送中心所替代，除季节性生产明显的储备粮库、棉花库、果品库、冷藏海产品库以及军需储备库等，其余仓库一般仍以保管保养为主。

三者都有保管和保养货物的功能以及其他相同的功能，只是程度强弱的不同。此外，配送中心和物流中心是由仓库发展、派生而成，因此，有时我们说仓库，也包括配送中心和物流中心，是三者的统称。

巩固提高

一、简答题

1. 请简述配送与智能配送的特点和作用。
2. 请简述仓库、配送中心与物流中心的异同点。
3. 试简述配送中心的发展对物流企业的影响。

二、任务题

任务背景： 小华是一名中职学生，想在沃尔玛网站上进行购物，为了解商品物流配送流程，小华准备对沃尔玛配送中心进行调研。

任务要求：学生阐述对配送中心的概念和功能的理解，并能结合本次网购活动，列举出主要的配送中心功能。

任务实施：

第一步：学生进行分组，2～3人为一组，上网搜集沃尔玛配送中心相关信息。

第二步：总结并记录沃尔玛配送中心的相关信息。

第三步：分析沃尔玛配送中心的特点，与一般配送中心相比有何差异。

单元四 ▶ 了解装卸搬运及智能装卸技术

单元背景

动画微课 08
了解装卸搬运功能

无人智能叉车——装卸搬运的智能化工具

无人智能叉车（见图 2-17）是一种自动驾驶的叉车，主要依靠蓄电池作为动力，可保证在无人干预的情况下，自动完成搬运任务，具有较高的灵活性及智能化、自动化水平。无人智能叉车可根据物料位置、生产工艺的变化，灵活地更改行走路径，与传统的输送带相比，改变成本低。作为智能仓储建设的重要工具，对于缩短物料搬运时间、压缩物料占用空间具有积极意义。那么它是如何提高装卸搬运效率的呢？

图 2-17　无人智能叉车

1. 为装卸搬运作业降本增效

无人智能叉车有以下优点：可以代替人工，节省人工成本；同时可以避免人为操作失误造成的货物损失，提高了产品合格率；可 24 小时不间断工作，提高搬运效率。

2. 减少无效作业，缩短搬运距离

由于货物的装卸搬运不产生价值，作业次数越多，货物破损和事故发生的频率越高，费用也就越高。因此，防止和消除无效作业对装卸搬运作业的经济效益具有重要意义。物料在装卸、搬运当中，要实现水平和垂直两个方向的位移，选择短的路线完成这一活动，就可避免无效劳动。无人智能叉车行走的路线都是经过调度系统计算出的优化路线，可有效减少

无效的行走搬运工作。

在国家制造强国战略布局下，自动化仓储物流、立体仓库已广泛应用。但是仓库内部以及从仓库输出到运输车辆之间的作业仍然是以传统的人工方式搬运为主，劳动强度大、效率低、易发生安全事故，这个环节也成为制约整个工业自动化、智能化的瓶颈。智能无人装卸搬运系统，颠覆了传统的装卸搬运模式，可以成功打通物流仓库末端最后一环，解决了仓库内部及货物出库点到运输车辆之间的装卸搬运难题，可以大大提高装载速度，实现无人值守、快速装车的智能构想，有利于打造全新的物流生态体系。

单元目标

📖 知识目标

1. 掌握装卸搬运的概念、特点和原则。
2. 了解搬运设备及智能装卸技术。

📖 能力目标

1. 能够进行合理化的装卸搬运。
2. 能够根据不同场合，进行装卸搬运机械的选择。

📖 素养目标

1. 通过学习培养学生自觉爱护设备设施的责任感，提升学生的公共意识和公德心。
2. 培养学生严谨细致、吃苦耐劳的职业精神。
3. 提升学生的抗压能力、抗挫折能力，提升学生的耐性、韧性等优秀品质。
4. 培养学生的安全意识、环保意识。

知识储备

一、走近装卸搬运

装卸搬运活动的作业量大、方式复杂，作业不均衡，对安全性的要求高。但它是物流活动中不可缺少的环节，对物流发展和增加效益意义重大。

装卸搬运在物流活动中起着承上启下的作用。物流活动的各阶段和同一阶段不同环节之间，都必须进行装卸搬运作业。正是装卸搬运活动把物流各个阶段连接起来，使之成为连续的、流动的过程。在生产企业物流中，装卸搬运成为各生产工序间连接的纽带，它是从原材料设备等装卸搬运预备开始到产品装卸搬运为止的连续作业过程。

装卸搬运作业在物流成本控制中占有重要地位。在物流活动中，装卸搬运活动是不断出现和反复进行的，出现的频率高于其他作业活动。而且每次装卸搬运活动都要花费很长时间，所以往往成为决定物流速度快慢的关键。装卸搬运活动所消耗的人力劳动也很多，所以装卸搬运费用在物流成本中所占的比重也较高。

1. 装卸搬运的概念

装卸是指物品在指定地点以人力或机械装入运输设备或卸下的活动。搬运是指在同一场所内，对物品进行水平移动为主的物流作业。

装卸是改变"物"的存放位置及支撑状态的活动，主要指物品上下方向的移动；而搬运是改变"物"的空间位置的活动，主要指物品横向或斜向的移动。通常，装卸和搬运是密不可分的，两者常伴随在一起发生（见图2-18）。

图2-18 装卸搬运

📁 小知识

装卸搬运的分解工作

一般来说，可将装卸搬运作业分解为装卸、搬运、入库、出库、分拣和备运等工作，以及与这些作业活动有关的附属工作。

"装卸"——将物品装入运输工具，或从运输工具上卸下的简称。

"搬运"——在比较短的距离内将物品进行空间移动的过程。

"入库"——将物品移至保管设施中的指定场所，并按规定的位置和形态进行堆码的作业。

"出库"——从保管地点将物品取出。

"分拣"——按物品的种类、发送方向和客户需求将物品分类。

"备运"——为出库的物品做好准备，使之能立即装入运输工具的作业。

2. 装卸搬运的原则

（1）减少装卸搬运活动。

装卸搬运作业本身并不产生价值，但是如果进行了不适当的装卸搬运作业，就可能造成物品的破损，或使物品受到污染。因此，应尽量排除无意义的作业。

（2）保持装卸搬运的连续性。

装卸搬运的连续性是指两处及以上的装卸作业要配合好。进行装卸搬运作业时，为了不使连续的各种作业中途停顿，而能协调地进行，整理其作业流程是很必要的。因此，进行流程分析，对商品的流动进行分析，使经常相关的作业配合在一起，也是很必要的。要使一系列的装卸作业顺利地进行，作业动作的顺序、作业动作的组合或装卸搬运机械的选择及运用是很重要的。

（3）减少人力装卸。

减少人力装卸就是把人的体力劳动改为机械化劳动。在不得已的情况下，应尽可能保证搬运距离不要太远。减少人力装卸，主要是在减轻体力劳动、缩短劳动时间、防止成本上升、保证劳动安全卫生等方面推进省力化、自动化。

（4）提高搬运的灵活性。

在物流活动过程中，常需将暂时存放的物品进行再次搬运。从便于进行搬运作业的角度考虑，物品的堆放方法是很重要的。这种便于移动的程度，被称为"搬运灵活性"。衡量物品堆存形态的搬运灵活性，用灵活性指数表示。一般将灵活性指数分为5个等级，即：

散堆于地面上为 0 级；装入箱内为 1 级；装在货盘或垫板上为 2 级；装在车台上为 3 级；装在输送带上为 4 级。

（5）便于物品整理。

进行装卸搬运作业之前，应把物品汇集成一定的单位数量，然后再进行装卸搬运，既可避免物品的损坏、消耗、丢失，又容易查点数量，而且可以使装卸搬运的单位增大，便于进行机械装卸，以及使装卸搬运的灵活性增强等。一般的做法是把商品装在托盘、集装箱或搬运器具中，再进行装卸、搬运、输送、保管等活动。

（6）能够提升物流系统整体运行效率。

在进行装卸搬运作业时，还要考虑其与运输、储存、保管、包装之间的关系。装卸搬运作业要考虑运输、储存、保管的规模，即装卸搬运要起着支持并提高运输、储存、保管能力、效率的作用，而不是起阻碍作用。对于物品的包装来说也是一样的，适合采用集合包装，不仅可以减少包装材料的耗用，同时也省去了许多不必要的运输作业。

二、装卸搬运的分类

1. 按照物流设施和设备对象分类

（1）仓库装卸。

仓库装卸（见图 2-19）配合出库、入库、维护保养等活动进行，并且以堆垛、上架、取货等操作为主。

（2）汽车装卸。

汽车装卸（见图 2-20）是指汽车货物运输生产过程始末的装货作业和卸货作业，是汽车进行货物运输过程必不可少的环节。货物装卸作业对车辆运用效率、货物运达速度、运输质量和运输费用都有非常重要的影响，一般由货物承运单位或发货、收货单位负责组织。

汽车装卸一般一次装卸批量不大，由于汽车运输的灵活性，可以很少或不进行搬运活动，而直接、单纯利用装卸作业达到车与物流设施之间货物过渡的目的。

图 2-19　仓库装卸

图 2-20　汽车装卸

（3）铁路装卸。

铁路装卸（见图 2-21）是指对火车车皮的装进及卸出作业，其特点是一次作业就可以实现一车皮的装进或卸出，很少出现仓库装卸时的整装零卸或零装整卸的情况。

（4）港口装卸。

港口装卸（见图2-22）包括码头前沿的装船，也包括后方的支持性装卸运输作业。有的港口装卸还采用小船在码头与大船之间"过驳"的办法，因而其装卸的流程较为复杂，往往经过几次的装卸及搬运作业才能实现船与陆地之间货物过渡的目的。

图 2-21　铁路装卸

图 2-22　港口装卸

（5）飞机装卸。

飞机装卸（见图2-23）是指在机场对飞机进行装卸的活动。

2. 按照作业方式分类

按照作业方式的不同可将装卸搬运分为使用吊车的"吊上吊下"方式，使用叉车的"叉上叉下"方式，使用半挂车或叉车的"滚上滚下"方式、"移上移下"方式及"散装散卸"方式等。

图 2-23　飞机装卸

（1）"吊上吊下"方式。

该方式采用各种起重机械从货物上部起吊，依靠起吊装置的垂直移动实现装卸，并在吊车运行的范围内或回转的范围内实现搬运或依靠搬运车辆实现搬运。由于吊起及放下属于垂直运动，这种装卸方式属于垂直装卸方式。

（2）"叉上叉下"方式。

该方式采用叉车从货物底部托起货物，并依靠叉车的运动进行货物搬运，货物可不经中途落地而直接放置到目的地处。这种方式下货物的垂直运动不大而主要进行水平运动，属于水平装卸方式。

（3）"滚上滚下"方式。

该方式主要指港口装卸中的一种水平装卸方式，利用叉车或半挂车、汽车承载货物，连同车辆一起开上船，到达目的地后再从船上开下，因此称为"滚上滚下"方式。利用叉车装卸时，叉车在船上卸货后必须离船；而利用半挂车或汽车装卸时，则使用拖车将半挂车或汽车拖拉至船上，之后拖车开下离船而载货车辆连同货物一起运到目的地，再原车开下或拖车上船拖拉半挂车、汽车开下。

（4）"移上移下"方式。

该方式是指两车（如火车及汽车）先进行靠接，然后利用各种方式，靠水平移动将货物从一个车辆上推移到另一车辆上，因此称为"移上移下"方式。"移上移下"方式需要使两种车辆水平靠接，因此，对站台或车辆货台需进行整改布置，并配合移动工具实现装卸。

（5）"散装散卸"方式。

该方式是指对散装物进行的装卸作业，一般从装货点直到卸货点，中间货物不再落地，这是集装卸与搬运于一体的装卸方式。

3. 按照作业特点分类

（1）连续装卸。

连续装卸指同种大批量散装或小件杂货通过连续输送机械，连续不断地进行作业，中间无停顿，货间无间隔。在装卸量较大、装卸对象固定、货物对象不易形成大包装的情况下适合采取这一方式。

（2）间接装卸。

间接装卸有较强的机动性，装卸地点可在较大范围内变动，主要适用于货流不固定的各种货物，尤其适合包装货物、大件货物的装卸，散粒货物也可采取此种方式。

4. 按照装卸搬运的对象分类

（1）散装货物装卸。

散装货物装卸是指不加包装，基本上以其自然形态装上车、船、飞机等运输工具进行运送的货物装卸形式，主要为粮食、矿石、水泥、原油、废钢铁等块状、粒状、粉状以及液态的大宗货物、一般通过重力法、倾倒法、机械法、气力输送等方法进行装卸。

（2）单件货物装卸。

单件货物装卸是一种单件、逐件进行装卸搬运的方法，这是人力作业阶段的主要装卸方法。

（3）集装货物装卸。

集装货物装卸是指将货物集零为整，再进行装卸搬运的方法。

三、装卸搬运的机械

装卸搬运的机械是指用来搬移、升降、装卸和短距离输送物料或货物的机械，既可用于完成船舶与车辆货物的装卸，又可完成库场货物的堆码、拆垛、运输，以及舱内、车内、库内货物的起重、输送和搬运。

1. 按照作业性质分类

装卸搬运的机械按装卸及搬运两种作业性质的不同可分为装卸机械、搬运机械及装卸搬运机械三类。

在这个领域中，有些机械功能比较单一，只能满足装卸或搬运某一个功能，这种单一作业功能的机械有很大优点，即机械结构较简单、多余功能较少、专业化作业能力强，因而作业效率高、作业成本较低，但使用上受限。若从这种机械的单独操作来看效率确实很高，但由于其功能单一，作业前后需要很烦琐的衔接操作，因而会降低整个系统的效率。

（1）装卸机械。

装卸机械是指用来装货、卸货的机械，如倒链（手动葫芦）、单梁起重机、卡车吊、悬臂吊等（见图2-24）。

图 2-24　单梁起重机和悬臂吊

（2）搬运机械。

单一功能的搬运机具种类较多，如各种搬运车、手推车及输送机等（见图 2-25 和图 2-26）。

图 2-25　搬运车和手推车

图 2-26　斗式输送机

（3）装卸搬运机械。

在物流领域很注重装卸、搬运两种功能兼具的机具的使用，这种机具可将两种作业操作合二为一，因而有较好的系统效果（见图 2-27）。这类机具主要包括叉车，港口中常用的跨运车、龙门吊以及气力装卸输送设备等。

图 2-27　跨运车和龙门吊

2. 按照机具工作原理分类

按装卸搬运机具的工作原理可将其分为叉车类、吊车类、输送机类、作业车类和管道输送设备类等。

1）叉车类，包括各种通用和专用叉车。

2）吊车类，包括门式、桥式、履带式、汽车式、岸壁式、巷道式吊车。

3）输送机类，包括辊式、轮式、带式、链式、悬挂式等输送机。

4）作业车类，包括手推车、搬运车、无人搬运车、台车等作业车辆。

5）管道输送设备类，包括用于运输液体、粉体货物的，由油泵、管道为主要构成的装卸搬运一体化的设备。

3. 按照有无动力分类

1）重力式装卸输送机具，如辊式、滚轮式输送机。

2）动式装卸搬运机具，可分为内燃式及电动式两种，大多数装卸搬运机具属于此类。

3）人力式装卸搬运机具，指使用人力操作作业的机具，主要是小型机具和手动叉车、手推车、手动升降平台等。

四、智能装卸技术

智能装卸技术涉及运用尖端的信息技术和自动化设备，以实现装卸搬运过程的智能化。通过整合传感器、控制系统以及机器人技术，智能装卸系统能够自动识别货物、规划搬运路径，并优化装卸作业流程。这一技术显著提升了装卸作业的效率和精确性，同时减少了人为失误和劳动强度。例如，自动导引车（AGV）和机器人臂能够自主完成仓库内的货物搬运和装卸任务，无须人工介入。智能装卸技术还能与仓库管理系统（WMS）和企业资源规划（ERP）系统无缝对接，确保数据的即时更新和共享，为供应链管理提供更为精确的决策支持。随着物联网技术的不断进步，智能装卸技术在物流领域的应用前景将更加广阔，成为促进物流自动化和智能化发展的关键力量。

智能装卸技术主要特点包括：

1）高效性。通过自动化和智能化操作，减少人工干预，提高装卸搬运效率。

2）准确性。利用先进的导航技术和控制系统，确保装卸搬运任务的准确性。

3）安全性。通过传感器和控制系统，避免碰撞和其他安全隐患。

4）灵活性。适应不同的工作环境和任务需求，提高作业的灵活性。

巩固提高

一、简答题

1. 请简述装卸搬运合理化的措施。

2. 请简述装卸搬运的作用。

3. 试简述装卸搬运工具的发展对物流行业发展的影响。

二、任务题

任务背景： 小民是一名中职学生，学校组织去物流企业进行参观学习，了解货物的装卸搬运流程。

任务要求： 学生阐述对装卸搬运概念、特点、原则的理解，并能结合本次参观学习活动，列举出装卸搬运工具及原则有哪些，以及人工、机械、自动化装卸搬运各自的优势和劣势。

任务实施：

第一步：学生进入物流企业进行参观学习，并着重参观装卸搬运区。

第二步：记录装卸搬运作业中相关的装卸搬运流程、机械的使用等。

第三步：学生进行分组，2～3人为一组，讨论本次参观学习的主要内容，比较不同装卸搬运工具的差异。

第四步：讨论以上装卸搬运活动怎样实现合理化，并说明装卸搬运工具的使用在我们生活中发挥了怎样的作用。

单元五 ▶ 了解流通加工及智能加工技术

单元背景

动画微课 09
了解流通加工功能

福瑞达辣椒烘干生产线带动农民致富增收

福瑞达现代农业产业园前身是漯河福瑞达物流园区，于 2009 年投资建设，占地 213 亩。园区位于河南辣椒种植区的中心地带，且距离全国交易量最大的辣椒产地市场王岗镇仅 5 公里。2020 年 11 月 25 日，公司进行了福瑞达现代农业产业园项目的投资建设备案，并围绕辣椒产业开展流通加工、仓储物流、供应链管理等现代物流业务。

"由于鲜辣椒极不易储存，农户只得将辣椒留在地里继续生长，这样就无法及时地整备土地进行小麦的种植。若在入冬前无法完成脱水，辣椒也将逐渐变质发霉，最终造成种植农户的经济损失。"福瑞达物流有限公司董事长冯学民说，为了尽可能地减少农户的损失，公司决定开展鲜辣椒的抢救性收购工作，按每斤最低 2.8 元的收购价收购，农户每亩收入超过 5 600 元，比往年正常气候环境下每亩 3 500～4 500 元的收入还要高一些。与此同时，将辣椒售出的农户可以立即展开土地整理和小麦的种植，从而保障了来年小麦的产量。

"为了确保辣椒产品原材的高质量、好口感，公司采用大型自动化辣椒烘干生产线，干燥速度快、蒸发强度高、产品质量好，不但提高了生产效率，还保证了辣椒的品质，客户非常满意。"福瑞达物流有限公司董事长冯学民如是说，在进行自动化烘干生产线运作的同时，公司又建成新的生产线可加工辣椒面、火锅底料等产品，有效解决农产品精准产销问题，助力地方农业发展，农户致富增收，为辣椒产业链延伸提供强大保障。

据介绍，福瑞达现代农业产业园项目将新建辣椒专用冷库 4 座，共 2 万余平方米，干辣椒分级加工生产线 100 条，鲜辣椒快速烘干生产线 80 条以及配套办公楼一栋，连带配套设备设施，项目总计计划追加投资 14.1 亿元。项目建成后，园区将形成鲜辣椒快速烘干脱水、干辣椒分级加工、干辣椒冷藏储存、大宗干辣椒代理交易、干辣椒物流运输、配套金融支持六大业务板块，预计年干辣椒吞吐量将超过 90 万吨，交易额超过百亿元。

单元目标

知识目标

1. 掌握流通加工的概念和特点。
2. 掌握流通加工的功能。
3. 掌握实现流通加工合理化的途径。

能力目标

1. 能够描述传统流通加工到现代智能加工技术的转变。
2. 能够简述流通加工的功能。
3. 能够讲述实现流通加工合理化的途径。

素养目标

1. 树立学生绿色、环保、安全、节约的职业理念。
2. 树立学生振兴乡村、报效社会的愿景。
3. 培养学生团队协作能力、沟通表达能力和服务意识。

知识储备

一、走近流通加工

1. 流通加工的概念

《中华人民共和国国家标准: 物流术语（GB/T 18354—2021）》对流通加工的定义是: "根据顾客的需要, 在流通过程中对产品实施的简单加工作业活动的总称（简单加工作业活动包括包装、分割、计量、分拣、刷标志、拴标签、组装、组配等）。"

上述定义可以理解为: 流通加工是指产品从生产领域向消费领域的运动过程中, 为了促进销售、提高物流效率, 在保证产品使用价值不发生改变的前提下, 对产品进行的加工。流通加工是一种辅助性的加工, 经过流通加工, 产品会发生物理、化学上的变化。例如, 常见的食品流通加工: 鱼、肉、禽类的冷冻; 生奶酪的冷藏; 鲜牛奶的灭菌和摇匀; 生鲜食品及蔬菜的速冻包装、真空包装等（见图 2-28）。

流通与加工本属于两个不同的范畴。加工作为形成一定产品的活动, 改变物品的性质或形状; 流通则是改变物品的空间与时间状态。流通加工是为了弥补生产过程的加

图 2-28　流通加工活动的表现

工不足, 更有效满足客户的需要, 使产需双方能更好地衔接, 将这些加工活动放在物流过程中完成, 而成为物流的一个组成部分。流通加工是生产加工在流通领域中的延伸, 也可以看成是流通领域为了更好地服务客户, 在职能方面的扩大。流通加工既属于加工范畴, 也属于物流活动的一部分。

2. 流通加工的特点

（1）流通加工目的主要是为了更好地满足用户多样化需求，降低物流成本，提高物流质量和效率。

（2）流通加工的对象主要是进入流通领域的货物，包括各种原材料和成品。

（3）流通加工一般是简单的加工和作业，是为了更好满足需求而对生产加工的一种补充。

（4）流通加工是由从事物流活动并能密切结合流通需要的物流经营者组织的加工活动。

二、流通加工的功能

（1）适应多样化需要。

生产部门为了实现高效率、大批量的生产，其产品往往不能完全满足客户的个性化要求。因此，为了满足客户对产品多样化的需要，同时又要保证高效率的生产，可将生产出来的单一化、标准化的产品进行多样化改制加工。例如，对钢材卷板的舒展、剪切加工，平板玻璃按需要的规格开片加工，木材改制成枕木、板材、方材等。

（2）满足生产的需要。

根据下游生产的需要将货物加工成生产直接可用的状态。例如，根据需要将钢材定尺、定型，按要求下料；将木材制成可直接投入使用的各种型材；将水泥制成混凝土拌合料，使用时只需稍加搅拌即可使用等。

（3）保护货物。

在物流过程中，为了保护货物的使用价值，延长货物在生产和使用期间的寿命，防止货物在运输、储存、装卸搬运、包装等过程中遭受损失，可以采取稳固、改装、保鲜、冷冻、涂油等方式。例如，水产品、肉类、蛋类的冷冻加工和防腐加工等，丝、麻、棉织品的防虫和防霉加工等。以及，为防止金属材料的锈蚀而进行的喷漆、涂防锈油等措施，运用手工、机械或化学方法除锈；木材的防腐朽、防干裂加工；煤炭的防高温自燃加工；水泥的防潮、防湿加工等。

（4）弥补生产加工的不足。

由于受到各种因素的限制，许多产品在生产领域的加工只能进行到有限的程度，而不能完全实现终极加工。例如，木材如果在产地完成成材加工或制成木制品的话，就会给运输带来极大的困难。所以，在生产领域只能加工到圆木、板、方材这个程度，进一步的下料、切裁、处理等加工则由流通加工完成。再比如，钢铁厂大规模的生产只能按规格生产，以使产品有较强的通用性，从而使生产能有较高的效率，取得较好的效益，因此，进一步的加工工作就需要流通加工来完成。

（5）促进销售。

流通加工也可以起到促进销售的作用。比如，将过大包装或散装物分装成适合依次销售的小包装的分装加工（见图2-29）；将以保护货物为主的运输包装改换成以促进销售为主的销售包装，起到吸引消费者、促进销售的

图 2-29　清洗干净的肉等待出售

作用；将蔬菜、肉类洗净切块以满足消费者要求等。

（6）提高加工效率。

许多生产企业的初级加工由于数量有限，加工效率不高。而流通加工以集中加工的形式，解决了单个企业加工效率不高的弊病。它以一家流通加工企业的集中加工代替了若干家生产企业的初级加工，促使生产水平有一定的提高。

（7）提高物流效率。

有些货物本身的形态使之难以进行物流作业，而且货物在运输、装卸搬运过程中极易受损，因此需要进行适当的流通加工加以弥补，从而使物流各环节易于操作，提高物流效率，降低物流损失。例如，造纸用的木材磨成木屑的流通加工，可以极大提高运输工具的装载效率；自行车在消费地区的装配加工可以提高运输效率，降低损失；石油气的液化加工，使很难输送的气态物转变为容易输送的液态物，也可以提高物流效率。

（8）利于衔接不同运输方式。

在干线运输和支线运输的结点设置流通加工环节，可以有效解决大批量、低成本、长距离的干线运输与多品种、少批量、多批次的末端运输和集货运输之间的衔接问题。在流通加工点与大型生产企业间形成大批量、定点运输的渠道，以流通加工中心为核心，组织对多个用户的配送，也可以在流通加工点将运输包装转换为销售包装，从而有效衔接不同目的的运输作业。比如，散装水泥中转仓库把散装水泥装袋、将大规模散装水泥转化为小规模散装水泥的流通加工，就衔接了水泥厂大批量运输和工地小批量装运的需要。

（9）有利于"生产—流通"一体化运作。

依靠生产企业和流通企业的联合，或者生产企业涉足流通，或者流通企业涉足生产，有利于对生产与流通加工进行合理分工、合理规划、合理组织，统筹进行生产与流通加工的安排，这就是"生产—流通"一体化的流通加工形式。这种形式可以促成产品结构及产业结构的调整，充分发挥企业集团的经济技术优势，是目前流通加工领域的新形式。

（10）有利于配送工作的实施。

配送中心为了实施配送活动，满足客户的需要而对货物进行加工。例如，混凝土搅拌车可以根据客户的要求，把沙子、水泥、石子、水等各种不同材料按比例要求装入可旋转的罐中；在配送路途中，汽车边行驶边搅拌；到达施工现场后，混凝土已经搅拌均匀，可以直接投入使用。

📁 **小知识**

流通加工与生产加工的区别

（1）流通加工的对象是进入流通领域的商品，具有商品的属性；生产加工的对象不是最终产品，而是原材料、零配件、半成品。

（2）流通加工大多是简单加工，而不是复杂加工。一般来讲，如果必须进行复杂加工才能形成人们所需要的商品，那么，这种复杂加工应专设于生产加工过程中，生产过程理应完成大部分加工活动，而流通加工对生产加工则是一种辅助及补充。特别需要指出的是，流通加工绝不是对生产加工的取消或替代。

（3）从价值上看，生产加工的目的在于创造价值及使用价值，而流通加工则在于完善其使用价值并在改变不大的情况下提高其价值。

（4）流通加工的组织者是从事流通工作的人，能密切结合流通的需要进行这种加工活动。从加工单位来看，流通加工由商业或物流企业完成，而生产加工则由生产企业完成。

（5）流通加工的一个重要目的是为了满足消费，这一点与生产加工相同。但流通加工有时也是以自身流通为目的，纯粹是为流通创造条件，这种为流通所进行的加工与为进行价值交换的生产加工从目的来讲是有区别的，这又是流通加工不同于一般生产加工的特殊之处。

三、现代化智能加工技术

现代化智能加工技术在提升加工效率、降低成本、加强质量控制等方面展现出显著优势。智能化生产线的引入以及计算机控制技术的应用，极大地提高了加工过程的效率、精确度和可靠性。通过自动采集数据，生产线能够实时监测并纠正加工过程中的偏差，迅速调整以适应变化，从而显著减少了错误发生的机会，并提升了整个生产线的效率和效益。

传统的加工流程以其流程的熟悉性、操作的便捷性以及较强的可控性和稳定性而著称。然而，它同样面临着管理混乱、效率不佳和操作复杂等多重问题。相比之下，现代化的智能加工技术则在效率、精度、智能化、可持续性以及灵活性等方面展现出显著优势。这些技术不仅能够显著提高生产效率，还能大幅降低生产成本，并提升产品的质量。当然，高科技带来的高成本也是不容忽视的劣势。

巩固提高

一、简答题
1. 请简述物流活动中流通加工的特点及功能。
2. 试分析流通加工与生产加工的区别。
3. 请简述智能加工技术与传统加工的区别。

二、任务题
任务背景： 小宇是一名中职学生，在学习完本次课程后想要疏理一下流通加工的相关知识。大家一起来试一试吧！

任务要求： 按所学内容疏理流通加工相关知识。

任务实施：

第一步：学生进行分组，2～3人为一组。小组绘制流通加工业务知识思维导图。

第二步：各小组派代表进行阐述，教师点评。

单元六 ▶ 了解包装及智能包装

单元背景

动画微课 10
了解包装功能

快递包装绿色标准

近年来，我国快递业包装绿色化工作不断推进。在江苏，寄递企业按《邮件快件绿色包装规范》推广可循环周转箱；在湖南，一些地方已经有了包装废弃物回收装置。目前，绿色化、减量化和可循环原则正加快在快递行业落地。

电子运单基本实现全覆盖，电商快件不再二次包装率达 67%，可循环中转袋应用比例达 85.46%，45mm 以下"瘦身胶带"封装比例达 90.7%……这是截至 2020 年 6 月 30 日，我国快递业绿色化工作取得的新进展。

1. 推广可循环周转箱，多种方式鼓励消费者使用

在南京栖霞区一个快递点，码放整齐的黄色塑料盒十分醒目。这是苏宁物流 2017 年推行绿色快递的创新成果——共享快递盒，即用可循环周转箱代替纸质包装盒。

2020 年 6 月，国家邮政局印发《邮件快件绿色包装规范》，鼓励寄递企业使用可循环包装，建设使用循环包装信息系统和回收设施设备。"公司每年都开发循环包装新产品，目前的共享快递盒已经是 2.0 版。和 1.0 版本相比，新版共享快递盒有如下特点：可折叠，更能适应商品的尺寸；材质更加轻便、无害；箱体不再使用胶带封装。"快递员小刘如是说。

共享快递盒的回收方式主要有两种：如果快递员和消费者面签，共享快递盒由快递员带回站点；如果消费者选择在自提点或代收点签收，快递盒则由自提点或代收点转交快递员回收。

2. 包装废弃物回收装置增多，快递包装循环多次利用

为推动快递包装绿色治理工作，国家邮政局提出并实施"9792 工程"，即力争实现"瘦身胶带"封装比例达 90%，电商快件不再二次包装率达 70%，循环中转袋使用率达 90%，新增 2 万个设置标准包装废弃物回收装置的邮政快递网点。

3. 完善标准体系，增加绿色包装供给

2020 年，市场监管总局等八部门联合印发《关于加强快递绿色包装标准化工作的指导意见》（以下简称《指导意见》），提出到 2022 年年底前，制定实施快递包装材料无害化强制性国家标准，基本建立覆盖全面、重点突出、结构合理的快递绿色包装标准体系。

根据《指导意见》，相关部门将不断完善覆盖设计、材料、生产、使用、评价、回收利用、处置等全周期的快递绿色包装标准体系，以标准助力快递包装绿色化。

单元目标

📖 知识目标

1. 理解物流包装的概念和要素。
2. 掌握物流包装的功能及智慧物流包装的内容。

📖 能力目标

1. 能够阐述包装的功能。
2. 能够对包装进行分类。
3. 能够合理选择包装材料。

📖 素养目标

1. 树立安全、节约的职业理念。
2. 通过对包装材料的了解，增强绿色环保、保护环境的意识，能够自觉做到和宣传垃圾分类。

知识储备

一、走近包装

1. 包装的概念

包装是一个古老而现代的话题，也是人们自始至终在研究和探索的课题。从远古的原始社会、农耕时代，到科学技术十分发达的现代社会，包装随着人类的进化、商品的出现、生产的发展和科学技术的进步而逐渐发展，并不断地发生一次次重大突破。从总体上看，包装大致经历了原始包装（见图 2-30）、传统包装（见图 2-31）和现代包装（见图 2-32）三个发展阶段。

图 2-30　原始包装　　　　图 2-31　传统包装　　　　图 2-32　现代包装

📁 **小知识**

最早的纸质包装广告

1985 年，湖南省沅陵县的一处元墓，考古人员在随葬品里发现了两张商品包装纸。

包装纸呈长方形形状，长33.5厘米，宽25.5厘米，为黄白色的毛边纸。根据包装纸上的字样及纸张的折痕和残留于纸上的红色粉末判断，这两张包装纸是一千三百余年前长沙城一家油漆颜料店印制。

纸内有板刻文字，说明了店铺的详细地址及所售商品的品种、质量和特性。文字中有"买者请将油漆试验，便见颜色与众不同""请认红字门首高牌为记"这样唤起消费者注意力的典型广告用语。令人称奇的是，纸质包装广告中还有可视同防伪标记的5枚朱印。

沅陵元墓出土的商品包装纸将包装、广告、商标融为一体，已经具备了现代包装广告的某些主要特征。这是我国目前发现的最早的纸质包装广告，也可能是世界上最早的纸质包装广告。

狭义的包装是指为在流通过程中保护商品、方便储运、促进销售，按一定的技术方法所用的容器、材料和辅助物等的总体名称；也指为达到上述目的在采用容器、材料和辅助物的过程中施加一定技术方法等的操作活动。承装没有进入流通领域物品的用品不能称之为包装，只能称为"包裹""箱子""盒子""容器"等。因为包装除了有包裹盒承装的功能外，对商品进行修饰、获得受众的青睐才是包装的重要作用。

广义的包装为一切进入流通领域的拥有商业价值的事物的外部形式。

2. 包装的要素

包装的要素包括包装对象、材料、造型、结构、防护技术、视觉传达等。一般来说，商品包装应该包括商标或品牌、形状、颜色、图案、材料和产品标签等要素。

（1）商标或品牌。这是包装最主要的构成要素，应在包装整体上占据突出的位置。

（2）包装形状。适宜的包装形状有利于商品的储运和陈列，也有利于产品销售，因此，形状是包装中不可缺少的组合要素。

（3）包装颜色。颜色是包装中最具刺激销售作用的构成要素。突出商品特性的色调组合，不仅能够加强品牌特征，而且对顾客有强烈的感召力。

（4）包装图案。图案在包装中如同广告中的画面，其重要性、不可或缺性不言而喻。

（5）包装材料。包装材料的选择不仅影响包装成本，而且也影响该商品的市场竞争力，同时有利于保护商品的完整性。

（6）产品标签。在标签上一般都印有包装内容和产品所包含的主要成分、品牌标志、产品质量等级、产品厂家、生产日期和有效期及使用方法等。

二、包装的功能及分类

1. 包装的功能

包装是实现商品价值和使用价值，并能增加商品价值的一种手段。包装能够保护商品免受日晒、雨淋、灰尘污染等自然因素的侵袭，也能防止挥发、渗漏、溶化、污染、碰撞、挤压、散失以及盗窃等损失，给流通环节贮、运、调、销带来方便，如装卸、盘点、码垛、发货、收货、转运、销售计数等，可以美化商品、吸引顾客，有利于促销。

（1）保护性功能。

保护性是包装最基本的功能，是指保护内容物、保证产品状态良好地到达消费者手中。

包装要起防潮、防挥发、防污染及防微生物的作用，在某些场合还要防止曝光、氧化、受热或受冷以及不良气味的吸收；也常常要防止成分、香气的散失和分配过程中的损害。通过科学的包装结构和合适的包装材料，包装便可很好地保护商品，如纸与发泡塑料所具有的缓冲效果、金属与玻璃的遮蔽效果等。保护鸡蛋的包装如图 2-33 所示。

图 2-33　保护鸡蛋的包装

（2）便利性功能。

便利性是包装的又一重要功能。便利性包括几个方面：一是包装本身加工的便利性，便于生产、洒洗，复用等；二是库存运输的便利性，便于识别、搬运移动，节省空间；三是购买使用的便利性，购买前便于识别，购买后便于携带、开启、使用、存放、复用等。包装的便利性功能是产品促销、激发消费者购买意愿、提高商品价值的一个重要因素。

（3）信息传达功能。

包装必须具备传达有关商品内容的信息功能，这一功能是通过包装的设计来实现的。所传达的信息包括应用性信息和推销性信息。应用性信息包括商品的品牌、品名、成分、使用方法等；推销性信息更多的是指包装设计所产生的吸引力，如独特的造型、新颖的设计、突出的色调、讲究的字体、不同的质感等都会对消费者产生吸引力，成为推销商品的重要手段，并有利于在消费者心目中树立良好的企业形象。例如水果包装应给客户传递出水果新鲜的感觉（见图 2-34）。

图 2-34　水果包装

小知识

包 装 材 料

1. 纸质包装

现代社会中大部分包装材料是纸制品，其用量约占整个包装材料的 40%，在包装行业中占据主要地位。其最大优点是轻便、卫生性好、强度适宜、易于黏合印刷、便于机械生产化生产、取材容易、价格低廉等，缺点是撕破强度低、易变形。纸质包装的形式有纸板箱、瓦楞纸箱、纸盒、纸袋、纸筒、纸杯等。

2. 塑料包装

常用的塑料材料有聚乙烯、聚丙烯、聚氯乙烯、聚苯乙烯、聚酯等。塑料包装具有质轻、透明、不同的强度和弹性、折叠及封合方便、防水、防潮、防渗漏、易于成型、可塑性与气密性好、防震、防压、防碰撞、耐冲击、化学稳定性能好、易着色、可印刷、成本低等优点。但塑料难于降解，易造成环境污染。塑料包装的主要形式有塑料桶、塑料软管、塑料盒、塑料瓶、塑料薄膜、塑料编织袋等。

3. 木质包装

木质材料是人类很早就开始使用的包装材料，其特点是强度高、坚固、耐压、耐冲击、化学和物理性能稳定、易于加工、不污染环境等，是大型和重型商品常用的包装材料。但是木质包装易吸潮，且密封性差。木材包装的形式主要有木箱、木桶、木轴、木匣、木夹板、胶合板、托盘等。但是我国森林资源相对贫乏，木质包装不利于循环经济的发展，因此逐渐被其他材料代替。

4. 金属包装

常用的金属包装材料有钢板、铝板、铝合金、铝箔等，其特点是结实牢固、耐碰撞、不透气、不透水、抗压、机械强度优良等。其主要形式有金属桶、金属盒、金属软管、油罐、钢瓶等，多用于机器、液体、粉状、糊状等商品的包装。

5. 玻璃包装

玻璃属于无机硅酸盐制品，主要指利用耐酸玻璃瓶和耐酸陶瓷瓶对商品进行包装。其特点是透明、清洁、美观、有良好的机械性能和化学稳定性、易封闭、价格较便宜、可多次周转使用、资源丰富等。玻璃包装容器常见的有瓶、罐、缸等。玻璃包装广泛用于酒类、饮料、罐头、调味品、药品、化妆品、化学试剂等商品的销售包装。

6. 纤维织物包装

纤维织物包装主要有以树条、竹条、柳条编织的筐、篓、箱，以及用草编织的蒲包、草袋等，具有可就地取材、成本低廉、透气性好的优点。适宜包装生鲜产品、土特产品和陶瓷产品等。

2. 包装的分类

按照不同的分类标准，可以将包装进行如下分类：

（1）按产品销售范围可分为内销产品包装和出口产品包装。

（2）按包装在流通过程中的作用可分为单件包装、中包装和外包装等。

（3）按包装制品材料可分为纸质包装、塑料包装、木质包装、金属包装、玻璃包装等。

（4）按包装使用次数可分为一次用包装、多次用包装和周转包装等，例如顺丰快递的共享循环箱"丰BOX"（见图 2-35）。

（5）按包装容器的软硬程度可分为硬包装、半硬包装和软包装等。

（6）按产品种类可分为食品包装、药品包装、机电产品设备包装、危险品包装等。

图 2-35　顺丰共享循环箱"丰 BOX"

（7）按功能的不同可分为运输包装、贮藏包装和销售包装等。

（8）按包装技术方法的不同可分为防震包装、防湿包装、防锈包装、防霉包装等。

（9）按包装结构形式的不同可分为贴体包装、泡罩包装、热收缩包装、可携带包装、托盘包装、组合包装等。

总之，包装设计的总原则是科学、经济、牢固、美观、适销。

3. 智慧物流包装

智慧物流包装，是指在现代物流运作中，为保护产品、感知信息和优化服务，以包装为载体，通过数字化与智能化技术手段，使之具有感知、监控、记录、智能处理和信息传递的现代化功能，实现包装的可视化与智慧化，满足物流与供应链管理高效运行的需要。

与传统包装相比，智慧物流包装具有提高物流的处理效率、减少物流费用、有效控制内容物和包装的质量从而减少损坏、有效地保障商品质量安全、对于重新利用和循环使用包装有积极的意义等优点。

智慧物流包装主要具有如下功能：

（1）保护商品。

智慧物流包装对商品所处的环境具有感知功能，例如识别、判断和控制商品包装微空间的湿度、温度、压力及密封状态等参数，因而能在商品质量、安全监控等方面发挥有益的保障作用。新型智能化包装材料、包装结构的应用，极大提高了包装商品的保护作用。

（2）方便储运。

条形码技术、RFID 技术、图像识别技术、VR/AR 技术等物联网和现代信息技术在智慧物流包装上的运用，实现了物流信息数据的自动高效采集，以及商品在物流过程中的可视化、透明化状态，同时，通过对商品进行全过程、全时空的控制、检测和追踪，利用智能标签、智能技术终端，从而实现物流运行的自动化、智能化和精细化管理。

（3）商品跟踪。

智慧物流包装中含有大量的商品信息，通过传感器元件或条形码以及商标信息系统，可以将标记和监控系统相结合，从而形成一套扩展跟踪体系。

（4）安全追溯。

包装作为供应链体系的重要组成部分，贯穿于商品生产、物流、仓储、销售等整个供应链的全过程，在商品的整个生命周期中都扮演着重要角色。构建基于供应链的重要商品质量安全追溯体系，智慧物流包装技术的应用是一条根本途径（见图 2-36）。

图 2-36　产品溯源有保障

📁 小知识

绿色包装设计

绿色包装设计是以环境和资源为核心概念的包装设计，具体是指选用合适的绿色包装材料，运用绿色工艺手段，为包装商品进行结构造型和美化装饰设计。

绿色包装设计中的材料选择应遵循以下几个原则：

（1）轻量化、薄型化、易分离、高性能的包装材料。

（2）可回收和可再生的包装材料。

（3）可食性包装材料。

（4）可降解包装材料。

（5）利用自然资源开发的天然生态化的包装材料。

（6）尽量选用纸质包装。

（7）尽量选用同一种材料进行包装。

（8）尽量使包装件可以重复使用，而不只是包装材料可以回收再利用（利如标准化的托盘，可以数十次甚至数千次再利用）。

巩固提高

一、简答题

1. 请简述物流活动中包装的概念及要素。

2. 请简述物流活动中包装的功能。

3. 请简述智慧物流包装的功能。

二、任务题

任务背景： 目前，随着我国物流业的发展，快递行业发展迅速，快递也成为我们生活中一项常见的活动。小明学习完物流的包装功能课程后，想要总结一下自己网购经历中遇到的快递包装的形式和特点。大家一起来试一试吧！

任务要求： 根据个人日常生活中的网购经历，总结不同商品使用的快递包装有哪些，并分析采用这种包装的原因。

任务实施：

第一步：学生进行分组，3～5人一组，汇总5～10种不同类型商品的包装。

第二步：分析各种包装的材质和功能，说明采用这种包装的原因，并派代表进行讲解，教师进行点评。

单元七 ▶ 了解智慧物流信息技术

单元背景

动画微课 11
了解信息处理功能

数字化促进物流信息互联互通，圆通速递变"数"度为加速度

《长三角数字干线青浦区行动方案》提出，打造智能化国家物流枢纽，发挥"全国快递行业转型发展示范区"引领作用。近年来，圆通速递以数字化、智能化、信息化、自动化等新兴技术加速发展并与快递行业实现深度融合，充分发挥物流信息互通共享技术及应用国家工程实验室创新载体功能，打造引领长三角区域数字物流业高端化、一体化发展的数字枢纽经济生态高地。

在圆通速递总部"物流信息互通共享技术及应用国家工程实验室"的快件物流资源共享平台上，实时显示着圆通等多家速递企业的到件量、派件量、签收量等信息。该"实验室"由国家发改委批复、圆通速递牵头承建，围绕"互联网＋数字技术"进行针对性创新，聚焦改善物流信息互通共享、智能装备信息化和自动化、物流标准体系，提升物流行业运行效率、降低物流成本、提高服务水平。

针对目前物流信息互联互通不足、物流供需信息不对称等问题，圆通速递以"物流信息互通共享技术及应用创新平台"建设为契机，开展不同物流企业间信息交互、通用接口、数据传输等技术的研发和工程化，实现二维码、无线射频识别等物联网感知与大数据等技术在物流系统中的应用，完善物流信息交换开放标准体系，整合仓储、运输和配送信息，攻克一批物流信息技术和智能装备关键核心技术并成功转化。"数字化转型在圆通是放在最高战略层面来看待与执行的，我们要实现包裹流、资金流以及最关键的要支撑起包裹流和资金流的信息流，'三流合一'才能构成完整的物流及供应链服务，数字化转型就为信息流畅通提供了最关键的基础。"圆通速递的一位管理人员如是说。

随着云计算、大数据、人工智能等先进技术的加快应用和智能设备研发推广，圆通速递不断优化智能硬件装备和软件系统，促进业务信息数字化和全生命周期业务信息精准识别、追踪，全面推进业务运营数字化转型，实现快递业务全流程动态预测、精准画像、科学管理。顺应智慧物流发展趋势，结合长三角数字干线建设，圆通速递持续不断向数字化、智慧化企业转型，以科技与信息技术为引领，打造智慧圆通，实现创新发展。

单元目标

📖 **知识目标**

1. 理解物流信息处理的概念和特点。
2. 掌握物流信息处理的功能和分类。
3. 了解智慧物流信息技术。

📖 **能力目标**

1. 能够阐述物流信息处理的功能。

2. 能够进行物流信息的分类。

3. 能够简述常见的智慧物流信息技术。

📖 **素养目标**

1. 培养学生的创新意识、服务意识。

2. 提升学生学习和探索新技术、新设备、新工艺的专业素养，提前感受物流产业升级和数字化改造带来的行业冲击。

3. 通过对信息技术、信息安全相关知识的学习，提升学生爱岗敬业、诚实守信、绝对保密的职业素养和知识产权保护意识。

知识储备

一、走近物流信息

1. 物流信息的概念

数据按一定意义、一定规则组合在一起，形成数据的集合，这种集合体叫作信息。

物流信息指在物流活动进行中产生和使用的必要信息，是物流活动内容、形式、过程与发展变化的反映，是物流活动知识、资料、图像、数据、文件的总称。狭义的物流信息是指与物流各个基本活动相关的信息，对运输管理、库存管理、订单管理等物流活动具有支持保证的功能。广义的物流信息不仅指与物流活动有关的信息，而且包含与其他流通活动有关的信息，如商品交易信息、市场信息等，具有连接整合整个物流系统和使整个物流系统效率化的功能。而物流信息处理是指对各种信息的汇集、加工、处理，形成物流过程中的信息流（见图 2-37）。

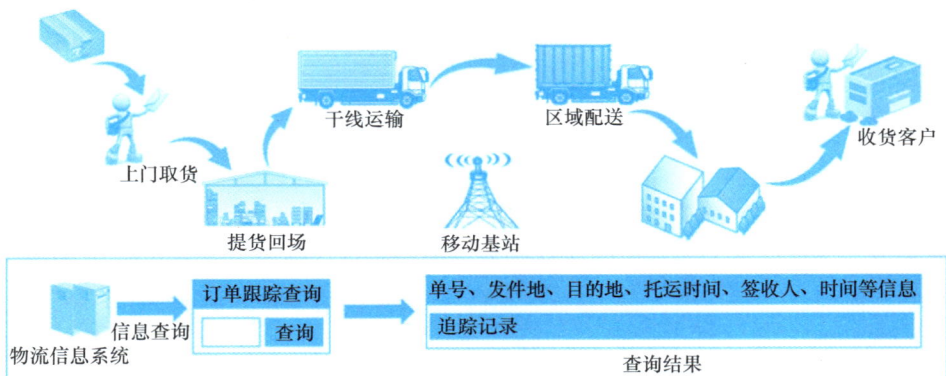

图 2-37　物流信息处理

2. 物流信息的特点

（1）共享性：各个作业组成部分共享。

（2）广泛性：物流信息来源和影响广泛。

（3）联系性：物流过程中的各种信息密切联系，并与商流信息、生产信息等也有密切联系。

（4）动态性：更新速度快，动态性强。

二、物流信息处理的功能及分类

1. 物流信息处理的功能

物流的首要目的就是要向顾客提供满意的服务，其次就是要实现物流总成本的最低化，也就是要消除物流活动各个环节的浪费，通过顺畅高效的物流系统实现物流作业的成本最优化。物流活动地域广泛，活动内容也十分丰富，为了把各种物流活动维持在合理的状态，就应该制定一个"范围"，即要形成系统和规定处理的标准。同时，还需要经常检查计划的执行和效果，对差距大的地方加以修正。正是这样反复循环，才能使物流进入更合理的状态。

物流信息处理的功能主要包括以下几点：

（1）衔接功能。

物流活动与社会经济运行中许多行业、部门以及众多的企业群体之间有着十分密切的关系，无论是物流系统内部的各种指令、计划、数据、报表等，还是生产企业、批发商、零售商、消费者之间的衔接工作，都依靠物流信息建立起各种纵向和横向的联系，满足各方面的需要（见图2-38）。

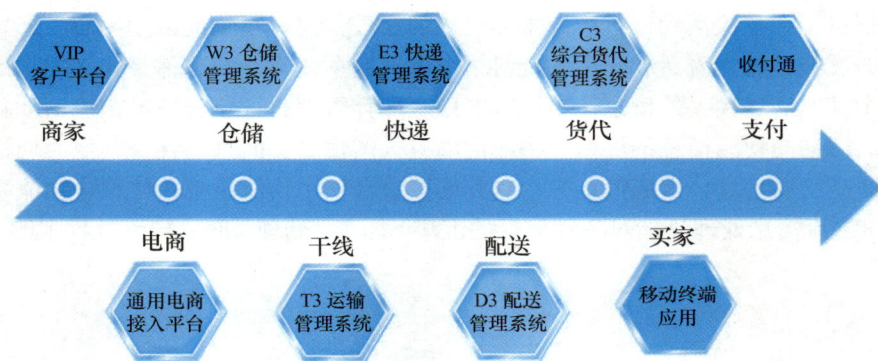

图 2-38　物流信息处理衔接功能

（2）交易功能。

商品交易过程中的大多数操作都是通过物流信息处理来完成的，物流信息处理的交易功能主要表现为记录订货内容、传递库存计划、用户信息查询等。交易功能是物流信息处理功能的最基本体现。

（3）控制功能。

物流信息处理的控制功能通过合理的指标体系来评价和鉴别各种方案，对于提高企业的物流服务水平和资源利用率都有重要作用，该功能强调了信息的控制力度。

（4）决策功能。

大量的物流信息能使管理人员掌握全面情况，协调物流活动，通过评估、比较和"成本—收益"分析，做出最有效的物流决策。有效利用物流信息，也有助于物流企业正确制定物流发展战略。

2. 物流信息的分类

按照不同的分类标准，可以将物流信息进行如下分类：

（1）按照信息在物流活动中所起的作用不同，物流信息可以分成订货信息、库存信息、采购指示信息、发货信息、物流管理信息。

（2）按信息的作用层次分类，物流信息可分为基础信息、作业信息、协调控制信息和决策支持信息。基础信息是物流活动的基础，是最初的信息源，如物品基本信息、货位基本信息等；作业信息是物流作业过程中发生的信息，波动性大，具有动态性，如库存信息、到货信息等；协调控制信息主要是指物流活动中的调度信息和计划信息；决策支持信息是指能对物流计划、决策、战略具有影响或有关的统计信息或有关的宏观信息，如科技、产品、法律等方面的信息。

（3）按信息加工程度的不同，物流信息可以分为原始信息和加工信息。原始信息是指未加工的信息，是信息处理工作的基础，也是最具有权威性的凭证性信息；加工信息是对原始信息进行各种方式和各个层次处理后的信息，这种信息是原始信息的提炼、简化和综合，利用各种分析工具在海量数据中发现潜在的、有用的信息和知识。

三、智慧物流信息技术

当前，智慧物流信息依托的技术有自动识别系统（AIS）、电子数据交换（EDI）、智能运输系统（ITS）、仓储管理系统（WMS）及销售信息系统（SIS），包括条形码、射频标识与射频数据通信、磁条、语音和视觉系统、光学字符识别、生物识别、GPS、GIS、大数据、物联网、智能机器人等多项技术的运用。

1. 大数据技术

大数据（Big Data），又称巨量资料，指的是所涉及的数据资料量规模巨大到无法通过人脑甚至主流软件工具，在合理时间内达到撷取、管理、处理、并整理成为帮助企业经营决策的信息。大数据的特点是数据量大、数据种类多、要求实时性强、数据所蕴藏的价值大等。在各行各业均存在大数据，但是众多的信息是纷繁复杂的，需要搜索、处理、分析、归纳、总结其深层次的规律。

物流大数据是指运输、仓储、装卸搬运、包装及流通加工等物流环节中涉及的数据、信息等。通过大数据分析可以提高运输与配送效率，减少物流成本，更有效地满足客户服务要求。将所有货物流通的数据、物流快递公司、供求双方有效结合，形成一个巨大的即时信息平台，从而实现快速、高效、经济的物流。信息平台不是简单地为企业客户的物流活动提供管理服务，而是通过对企业客户所处供应链的整个系统或行业物流的整个系统进行详细分析后，提出具有客观指导意义的解决方案。大数据应用可在物流行业提升物流效率、应对供应链挑战，同时赋能物流行业，给物流行业带来新的机遇和挑战。

智慧物流要求具备信息化、数字化、网络化、集成化、可视化等先进技术特征。最新的编码、定位、数据库、无线传感网络、卫星技术等高新技术的应用会产生海量数据，贯穿物流全过程。如何挖掘和分析这些海量数据、挖掘价值数据、提高智慧物流效率，是智慧物流大数据战略的核心所在。大数据背景下的智慧物流信息技术主要分为智慧物流信息捕捉技术、智慧物流信息推送技术、智慧物流信息处理技术、智慧物流信息分析技术以及智慧物流信息预测技术等五个方面，如图 2-39 所示。

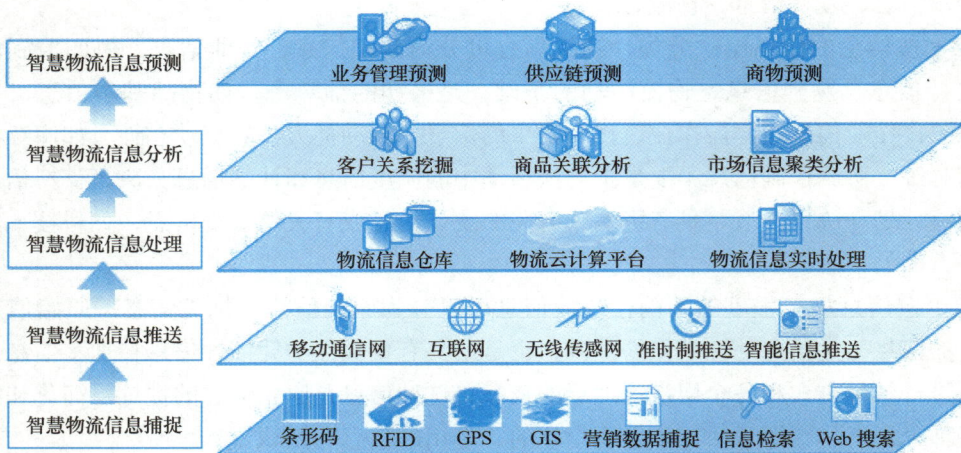

图 2-39　智慧物流信息技术

2. 物联网技术

物联网是新一代信息技术的重要组成部分，也是信息化时代的重要发展阶段，通过智能感知、识别技术与普适计算等通信感知技术，广泛应用于网络的融合中，也因此被称为继计算机、互联网之后世界信息产业发展的第三次浪潮。物联网技术的核心和基础仍然是互联网技术，是在互联网技术的基础上延伸和扩展出的一种网络技术，其用户端延伸和扩展到了任何物品，它们之间进行信息交换和通信。

物联网在智慧物流系统中的应用主要有以下几方面：

（1）智能管理交通。

物流需要货运，而货运难免遇上堵车的现象，在此前提下就会造成货物到达时间的延后，进而引起一系列的运作问题。应用物联网的智能物流系统，可以对货运的交通路线进行管理，通过在路途安放传感器，可以实时获取路况数据以实现对路况的实时掌控；通过路况分析可以使货车提前走向状况较好的路线，进而最大限度地保证了货运的通畅。

（2）智能仓储管理。

智能仓储的管理，是通过电子产品代码（Electronic Product Code，EPC）与无线传感器网络（Wireless Sensor Networks，WSN）技术结合后实现的功能，具体工作流程为：EPC 系统中的 RFID 技术与 WSN 技术进行结合之后，通过阅读器获取 RFID 的信息，与此同时阅读器会将阅读到的信息发送至数据管理中心，数据管理中心再对信息进行分析后发出相关的指令。

（3）冷链物流智能管理。

冷链物流智能管理技术在现代物流行业中应用较为广泛，多数用于食品与药品的运输当中，而基于食品药品的特殊性，我国对于冷链物流智能管理有相应的规范。冷链物流智能管理系统会使用 RFID 读取器，对货物所处的温度环境、储存状态等进行及时地记录，进而避免了大部分的人工失误，在此前提下也不需要过多的追查人工的责任（见图 2-40）。

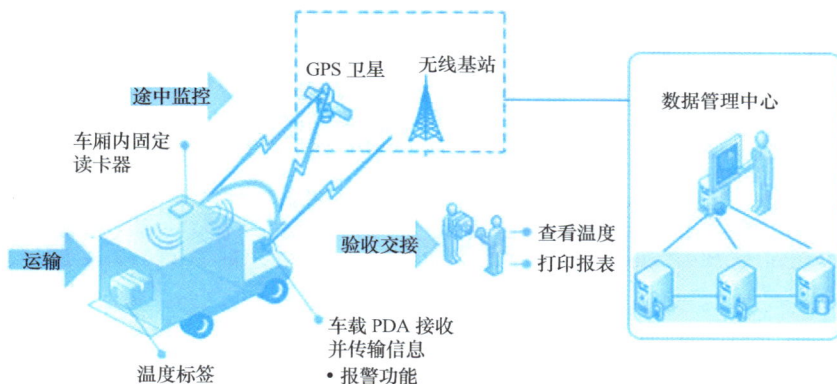

图 2-40　物联网中的智能运输

3. 智能机器人技术

智能机器人是一个在感知、思维、效应方面全面模拟人的机器系统。智能机器人有相当发达的"大脑"，在脑中起作用的是中央计算机，这种计算机跟操作它的人有直接的联系。最主要的是，这样的计算机可以进行按目的安排的动作。

随着科技创新的浪潮席卷全球，传统行业正不断地与科技碰撞。依赖人力的物流行业，也正努力从劳动密集型向技术密集型转变，从传统模式向机器人智能物流升级。机器人智能物流，顾名思义，即是用机器人作为物理载体，综合机器人、人工智能、大数据等先进技术，将物流的各环节实现自动化、柔性化、智能化的系统级解决方案。

在如今的大环境下，机器人企业如雨后春笋般涌现，各种物流机器人迅速面世，并在搬运、码垛、拣选等物流环节中得到应用，如自动导引车、码垛机器人、分拣机器人等。

AGV 即自动导引车，是一种具有高度柔性化和智能化的物流搬运设备，被称为移动机器人。AGV 的核心技术主要包括传感器技术、导航技术、伺服驱动技术、系统集成技术等。拥有自主核心技术是每个 AGV 企业发展的关键（见图 2-41）。

图 2-41　自动导引车搬运货物

码垛机器人不仅能搬运重物，而且作业速度和质量远远高于人工。每一台码垛机器人都拥有独立的控制系统，极大地保证了作业精度。通过科学、合理的刚性机械本体设计，机器人可以适应高负重、高频率、高灵活性的码垛作业（见图 2-42）。

分拣机器人一般具备传感器、物镜、图像识别系统和多功能机械手，可根据图像识别系统"看到"物品形状，用机械手抓取物品，然后放到指定位置，实现货物快速分拣。目前，分拣机器人在仓储物流中已经开始得到运用（见图 2-43）。

图 2-42　码垛机器人进行货物堆码

图 2-43　智能分拣机器人进行拣货

巩固提高

一、简答题

1. 请简述物流信息处理的概念和功能。
2. 请简述常见的智慧物流信息技术。

二、任务题

任务背景：近年来，随着物流市场的快速发展，智能物流机器人的应用加速普及，尤其是在快递行业应用尤为广泛。请选择一家物流园或是物流仓库，调研其智能设备的应用情况。

任务要求：调研该企业有哪些智能物流设备、功能如何、相比人工作业有哪些优势。

任务实施：

第一步：选择一家物流企业进行实地调研，并做好相关记录。

第二步：学生进行分组，3～5人一组，总结调研结果并进行汇报，教师点评。

模块三

认识企业物流

模块简介

　　企业物流是指企业内部物品的实体流动，它从企业角度上研究与之有关的物流活动，是具体的、微观的物流活动的典型领域。企业物流又可分为以下不同类型的具体物流活动：企业供应物流、企业生产物流、企业销售物流、企业回收物流、企业废弃物物流等。

职业素养

　　通过本模块的学习，让学生了解企业物流的发展，培养学生对企业物流运营过程的深刻认知，帮助学生树立安全、环保、节约、绿色的企业经营理念，具备供应链管理思维，充分理解企业文化，培养责任感和家国情怀。

知识框图

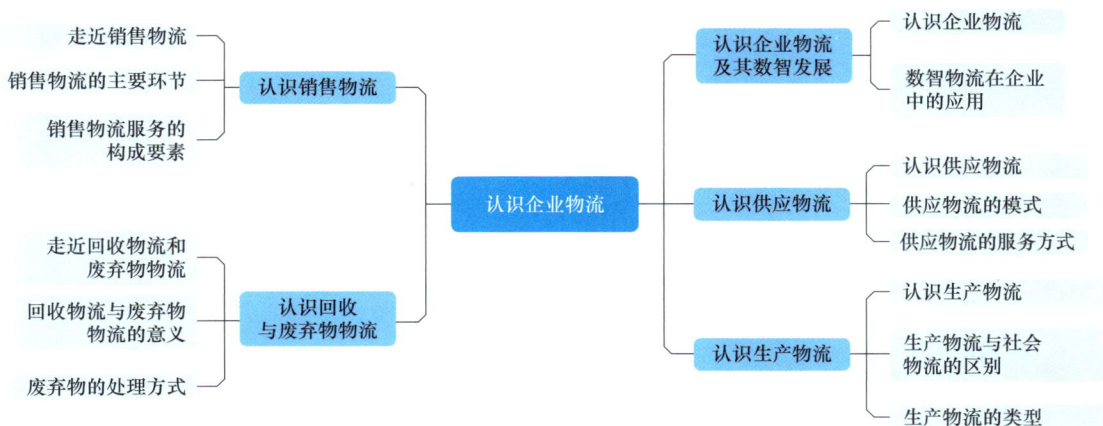

单元一 ▶ 认识企业物流及其数智发展

单元背景

京东自营物流

动画微课 12
了解企业物流

在电子商务兴起之初，由于物流配送的及时性严重影响了网上购物的体验，京东选择建立自己的物流系统，以改善购物体验，帮助京东电子商务业务快速发展。2007年，京东在北京、上海、广州建立了三大物流系统，然后继续在全国范围内进行物流系统的布局。

2011年，京东在一些城市推出了"211限时达"业务，然后推出了特快交付这类即时性产品，不断提供交付效率。可以看出，京东物流诞生于支持京东电子商务业务，以改善用户体验。

目前，京东物流已面向社会开放快递寄送服务，已在业内占有一席之地。京东物流不仅对京东电商业务的发展起着促进作用，而且对集团的发展也有着积极的影响。

首先，可以降低交易成本。京东可以避免交易结果的不确定性，降低交易风险，节约交易成本，节约相关运输、仓储、配送、售后服务等成本。

其次，利于掌握控制权。京东自营物流系统可以掌握物流各个环节的情况，有效地控制整个过程中物流系统的运行，快速获取供应商、经销商和消费者的第一手反馈信息。如果中间环节出现问题，也可以及时调整，随时调整业务策略。

最后，京东自营物流有利于提升京东的品牌价值。京东选择自建物流体系，可以更好地把握市场环境，为消费者提供更优质的服务，让消费者更全面地了解京东、熟悉产品，让消费者感受到京东的亲和力，提升京东自营在消费者心目中的形象。

单元目标

📖 知识目标

1. 掌握企业物流的概念及内容。
2. 掌握第三方物流的概念及基本特征。

📖 能力目标

1. 能够辨别企业物流的不同内容及功能。
2. 能够辨别企业物流与第三方物流的区别。

📖 素养目标

1. 树立绿色、环保、安全、节约的职业理念；
2. 树立企业责任感，认同企业文化；
3. 具备供应链运营管理思维。

知识储备

一、走近企业物流

1. 企业物流的概念

《中华人民共和国国家标准：物流术语（GB/T 18354—2021）》对企业物流的定义：为生产企业提供原材料、零部件或其他物料时所发生的物流活动。可以理解为围绕企业经营的物流活动，是具体的、微观物流活动的典型领域。

企业系统活动的基本结构是投入、转换、产出。对于生产类型的企业来讲，是原材料、燃料、人力、资本等的投入，经过制造或加工使之转换为产品；对于服务型的企业来讲，则是将设备、人力、管理和运营等的投入，转换为对客户的服务。物流活动便是伴随着企业的投入、转换、产出而发生的。与投入相关的是企业外供应物流，与转换相关的是企业内生产物流，与产出相关的是企业外销售物流。由此可见，在企业经营活动中，物流是渗透到各项经营活动之中的活动（见图 3-1）。

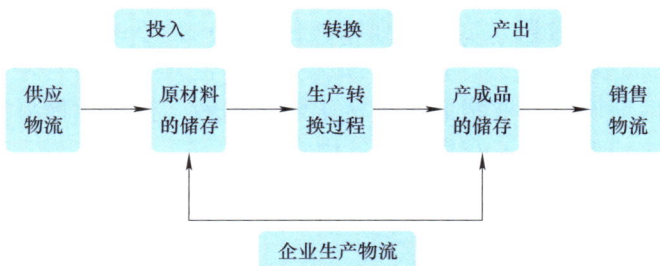

图 3-1　企业经营各环节的物流活动

小知识

企业物流可以由 7 个"恰当"组成，即 7r 表达法，即恰当的产品（right product）、恰当的数量（right quantity）、恰当的条件（right condition）、恰当的地点（right place）、恰当的时间（right time）、恰当的顾客（right customer）和恰当的成本（right cost）。7 个"恰当"描述了企业物流的基本活动，强调了空间和时间的重要性，也强调了成本与服务的重要性。可见，企业物流就是关于某种产品或服务在客户需要的时候，客户能够在指定的地点得到满足。

2. 企业物流的发展过程

企业物流的发展过程大致经历了如下 3 个阶段：

（1）产品物流阶段（Product Distribution）。

产品物流阶段又称产品配送阶段，这个阶段的起止时间为 20 世纪 60 年代初期至 70 年代后期，属于企业物流的早期发展阶段。在该阶段中，企业物流的主要功能大多围绕在对产品从企业工厂生产出来到如何到达消费者手中这一过程的运作上。

（2）综合物流阶段（Integrated Logistics）。

这个阶段的起止时间为 20 世纪 70 年代中后期至 80 年代后期，在这个阶段中，企业物流集中表现为原材料物流和产品物流的融合。实践证明，综合物流管理可以为企业带来更大的效益，此期间综合物流得到了迅速的发展。

20 世纪 80 年代后期开始，信息技术飞速发展并转化为生产力，在生产领域掀起了一场前所未有的信息化革命。由信息技术所衍生的一系列外部因素的变化使得企业把着眼点放到物流活动的整个过程，包括原材料的供应商和制成品的分销商，进而使企业物流从综合物流阶段向供应链管理阶段发生转移。

（3）供应链管理阶段（Supply Chain Management）。

这个阶段开始于 20 世纪 90 年代初期，在这个阶段中，企业对传统的物流管理有了更为深刻的认识，企业已经将单纯的个体企业之间的竞争上升到企业群、产品群或产业链条上不同企业所形成的供应链之间的竞争这个高度。

3. 企业物流的内容

企业物流在不同的发展阶段包含着不同的内容。随着企业物流从单纯的产品配送向综合物流直至供应链管理阶段发展，企业物流包含的内容不断地得到增加、丰富，企业物流涉及的领域不断地得到扩大。现在看来，企业物流几乎贯穿着企业的整个运营过程（见图 3-2）。概括地说，企业物流包含着采购、运输、存储、物料搬运、生产计划、订单处理、包装、客户服务以及存货预测等内容。

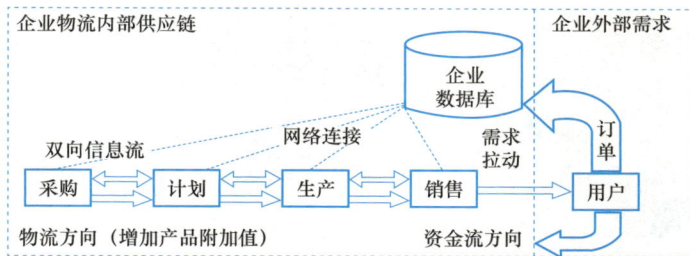

图 3-2　企业物流内部供应链

（1）采购。

把企业采购活动归入企业物流是因为企业运输成本与生产所需要的原材料、零部件等的地理位置有直接关系，采购的数量与物流中的运输与存储成本也有直接关系。把采购归入企业物流领域，企业就可以通过协调原材料的采购地、采购数量、采购周期以及存储方式等来有效地降低运输成本，进而为企业创造更大的价值。

（2）运输。

运输是企业物流系统中非常重要的一部分。事实上，运输也是企业物流最为直接的表现形式，因为物流中最重要的是货物的实体移动及移动货物的网络。通常情况下，企业会选择合理的运输方式来运输原材料及产成品，或是建立企业自有的运输系统。

（3）存储。

存储包括两个活动：存货管理与仓储。事实上，运输与存货水平及所需仓库数量之间也有着直接的关系。企业许多重要的决策与存储活动有关，包括仓库数目、存货量大小、仓库的选址、仓库的大小等。

（4）物料搬运。

物料搬运对仓库作业效率的提高是很重要的，物料搬运也直接影响到生产效率。在生产型企业中，物流经理通常要对货物搬运入库、货物在仓库中的存放、货物从存放地点到订单分拣区域的移动以及最终到达出货区准备运出仓库等环节负责。

（5）生产计划。

在竞争的市场中，生产计划与物流的关系日益密切。生产计划往往会根据企业物流的运作能力及效率进行调整。同时，企业的生产计划还与存货能力、存货预测有关。

（6）订单处理。

订单处理过程包括完成客户订单的所有活动。物流领域之所以要直接涉及订单的完成过程，是因为产品物流的一个重要方面是前置期，即备货周期。备货周期是指从客户下达订单开始，至货物完好交于客户为止的时间。从时间或者前置期的角度来看，订单处理是非常重要的物流功能。订单处理的效率直接影响到备货周期，进而影响到企业对客户的服务质量与承诺兑现。

（7）包装。

企业物流中运输方式的选择将直接影响到对包装的要求。一般来说，铁路与水运引起货损的可能性较大，因而需要支出额外的包装费用。

（8）客户服务。

客户服务也是一项重要的物流功能。客户服务水平与物流领域的各项活动均有关，存货、运输、仓储的决策等都要取决于客户的要求。

（9）存货预测。

准确的存货和物料、零部件的预测是进行有效存货控制的基础，尤其是使用零库存和物料需求计划方法控制存货的企业。

除上述的内容外，企业物流还包含诸如工厂和仓库选址、维修与服务支持、回收物品处理、废弃物品处理等内容。当然，不同的企业或企业处于不同的发展阶段，其企业物流不一定会涉及上述的每个方面。

二、数智物流在企业中的应用

数智物流以惊人的速度崛起，成为推动物流行业转型升级的关键力量。通过集成应用大数据、云计算、物联网、人工智能等先进技术，数智物流极大地提升了物流效率并降低了成本。目前，大型企业在数智物流的发展上已经取得显著成果，这些成果也在深刻改变企业管理的生态。

数智物流的核心在于"数智化"，即通过数字化手段实现物流信息的实时共享、智能分析和决策优化。这一变革不仅打破了传统物流的壁垒，还促进了物流、信息流、资金流的深度融合，形成了一个全新的物流生态系统。例如，在企业的各个物流环节之间，协同变得更加紧密，响应速度更快，服务质量更高，成本更低。

传统企业的物流领域面临着诸多挑战，包括车货距离远、匹配率低、运输人力费用高、安全问题等。这些问题不仅增加了物流成本，还降低了物流效率。数智物流通过数字化手段实现了物流信息的实时共享和分析，优化了物流路线和运输方式，从而降低了物流成本。同时，通过应用智能化设备，如自动分拣机器人、无人配送车等，进一步提高了物流效率，减少了人力成本。权威机构预测，未来几年内，全球物流业数字化转型的市场规模将持续增长。随着5G、大数据、云计算、人工智能等技术的不断成熟和应用，物流的数字化转型将加速推进。这将促使大型企业在仓储、运输、配送等环节实现更加高效的自动化和智能化管理，从而提高整体运营效率和服务质量。

智能化应用是当前许多企业的选择，也是数智物流的重要组成部分。随着机器手、机器人、无人机、自动驾驶等技术的不断成熟和应用，企业的智能化水平不断提升。

📁 小知识

社会物流与企业物流的区别

① 从范围大小上看，社会物流在整个社会范围内运作，属于宏观物流；而企业物流是仅限于一个企业的物流，属于微观物流。

② 从物流所处的领域来看，虽然社会物流系统包含着企业物流，但侧重于流通领域物流；而企业物流虽处于社会物流环境之中，但侧重于生产领域里的物流。

③ 从与商流之间的关系来看，社会物流由于侧重于流通领域里的物流，一般来讲，社会物流是以商流为前提条件的，即没有商流就没有物流；企业物流由于侧重于企业内部，在一般的情况下只有单纯的物流，不发生物质资料所有权转移问题，因而不发生商流。

④ 从物流规律来看，由于社会物流涉及面广、影响因素多，且随机性强、变化大；而企业物流范围小、涉及因素较少，以及生产类型、生产效率相对稳定，因此，物流的规律性、可控性强，物流网络严密。

从整体看，社会物流和企业物流之间存在包含的关系；但从存在关系来说，它们是相辅相成的，都是彼此不可缺少的一部分。

巩固提高

一、简答题

1. 请简述企业物流的发展历程。
2. 请简述数智物流的基本特征。
3. 请列表说明数智物流在企业中的表现。

二、任务题

任务背景： 2022 年 6 月底，某企业物流部对本企业的物流成本进行了大数据分析，得出如下数据（见图 3-3）：

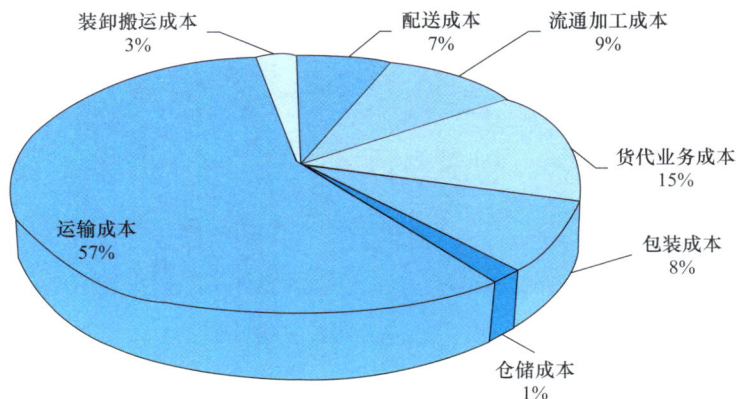

图 3-3　某企业物流成本结构图

任务要求： 根据企业的物流成本数据，分析企业物流中成本的分布情况及其形成原因，并为该企业提出可行性方案以降低其较高的物流成本项目。

任务实施：

第一步：学生进行分组，3 ～ 5 人为一组，分析该企业物流成本分布情况及形成原因。

第二步：试为该企业降低物流成本提出合理化建议。

第三步：各小组选出代表进行总结汇报，教师进行点评。

单元二 ▶ 认识供应物流

单元背景

福佑卡车助力长城汽车降本提效

近年来，受国内外大环境影响，一些制造业面临"两头承压、中间堵"的困难，具体表现为下游需求放缓，上游生产成本提升，中间物流效率受阻。

由于需求侧与供应链生产成本难以在短期恢复常态，于是，制造企业普遍将压低物流运输成本、提高运输保障效率作为当前的运行基调。

如长城汽车平湖园区选择通过福佑卡车的定制化运输服务，来降低供应物流成本，保障运输效率。在平湖园区，福佑卡车通过飞翼车型贴合汽车零配件装卸的特点，大大提高了车辆配件的装载效率（见图 3-4）。

动画微课 13
了解供应物流

图 3-4　飞翼车型提高装载效率

　　福佑卡车是专注于整车运输的科技货运平台，一方面，福佑卡车能够满足长城汽车的运力直采（运力直采指制造企业向拥有基础运力设施的物流服务商直接采购运力服务，跳过一级或多级合同物流企业中间层环节，进行短链对接）要求，消除中间成本，有助于降低长城汽车的零部件采购成本。另一方面，在服务侧，福佑卡车施行全履约服务保障，通过"福佑大脑"中台，实行智能调度和智能服务，从发货、在途运输到卸货，全流程介入其中，保障汽车零配件运输的准时、安全送达。同时在园区设置专人服务岗，动态实时解决装卸货期间的低效问题。

　　福佑卡车的两大举措大幅降低了运力成本，以此反哺客户企业获得让利空间。长期下来，长城汽车的物流成本得到明显降低。

单元目标

📖 知识目标

1. 掌握供应物流的概念和内容。
2. 掌握供应物流的模式。
3. 掌握供应物流的服务方式。

📖 能力目标

1. 能够分析供应物流不同模式的优缺点。
2. 能够说明供应物流各种服务方式的内容。

📖 素养目标

1. 树立绿色、环保、安全、节约的职业理念。
2. 培养学生的创新能力、开拓意识。
3. 提升学生的团队协作意识和抗压能力。

知识储备

一、走近供应物流

1. 供应物流的概念

供应物流也称原材料采购物流，是指企业生产所需的一切生产资料的采购、进货运输、仓储、库存管理、用料管理和供料运输等活动。

《中华人民共和国国家标准：物流术语（GB/T 18354—2021）》中将供应物流定义为：为生产企业提供原材料、零部件或其他物料时所发生的物流活动。可见，供应物流是企业提供原材料、零部件或其他物品时，物品在提供者与需求者之间的实体流动。企业供应物流不仅要实现保证供应的目标，而且要在低成本、少消耗、高可靠性的限制条件下来组织供应物流活动，因此难度很大。

2. 供应物流的内容

企业供应物流由采购、仓储与库存、装卸搬运、厂外物流、厂内物流等物流活动组成。供应物流的活动内容与管理内容如图 3-5 所示。

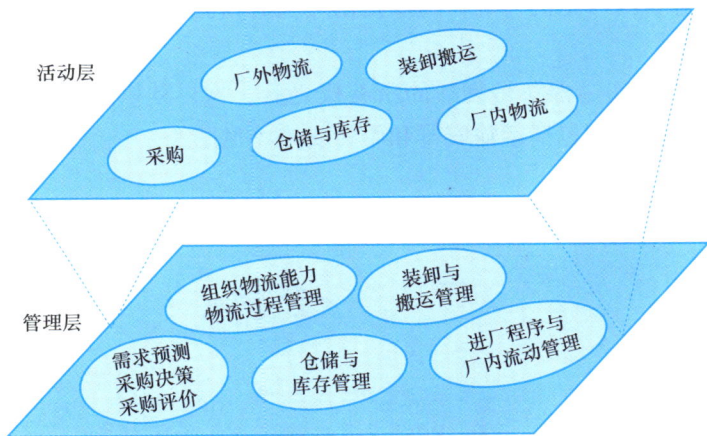

图 3-5　供应物流的活动内容与管理内容

（1）采购。

采购包括购买、运输、仓储、收货等活动，是企业购买货物和服务的行为。采购是生产商为获取与自身生产需求相符的货物和服务而必须进行的市场活动，同时还包括对这些活动的管理工作。

采购工作是供应物流与社会物流的衔接点，依据企业"生产——供应——采购"计划进行物资外购作业（见图 3-6），并负责市场资源、供货厂家、市场变化、物资质量等信息的采集和反馈。采购工作是企业生产的开始。

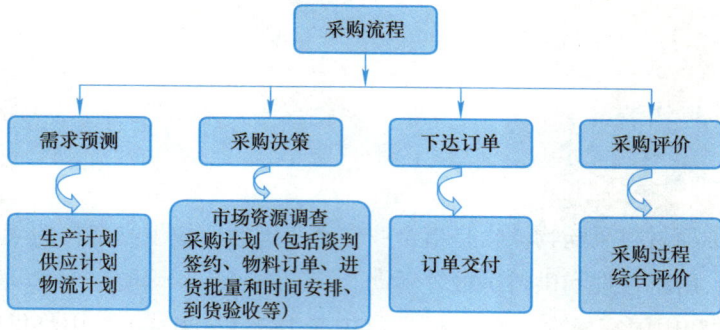

图 3-6　采购流程

（2）仓储与库存。

仓储是供应物流的转换点，仓储管理工作负责生产资料的接收和发送以及物料的保管工作。库存管理工作是供应物流的重要组成部分，企业依据生产计划制订供应和采购计划，依据供应和采购计划制订库存控制策略及库存计划。

（3）装卸搬运。

装卸搬运工作主要包括原材料的接收、发送以及出入库堆码时进行的操作。虽然装卸搬运是伴随运输和保管而产生的作业，但却是衔接供应物流中其他活动间的重要内容。

（4）厂外物流。

厂外物流是通过采购过程获得物料的所有权之后，物料从供应地向目的地的时空移动过程。厂外物流涉及的内容包括运输安排和中转安排（见图 3-7）。

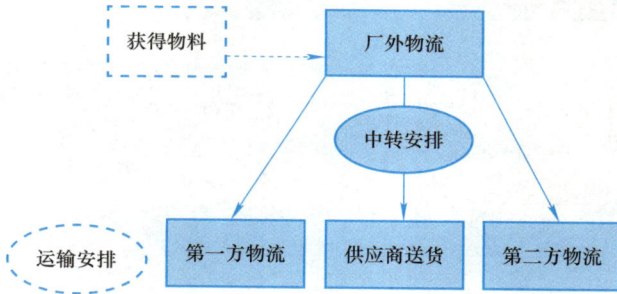

图 3-7　厂外物流活动内容

（5）厂内物流。

厂内物流主要指生产资料的供应，是供应物流与生产物流的衔接点，是依据供应计划进行生产资料供给的作业层，负责原材料消耗的控制。

二、供应物流的模式

供应物流过程因不同企业、不同供应环节和不同的供应链而有所不同，从而使企业的供应物流出现了多种模式。企业的供应物流有四种基本组织方式：

（1）委托原材料销售企业代理供应物流。

作为向原材料销售企业进行采购订货的前提条件，企业可以向销售方提出对本企业进行供应服务的要求。销售方在完成产品销售的同时，还要完成对客户的供应服务，以此获取更多客户。这种供应服务是销售方企业发展的一种战略手段。

这种模式的主要优点在于企业可以向销售方就物流提出要求，有利于实现企业理想的供应物流设计。这种模式存在的主要问题是，销售方的物流服务水平参差不齐，因为销售方不是专业的物流企业，有时候很难满足企业供应物流高水平、现代化的要求。

（2）委托第三方物流企业代理供应物流。

这种模式指在企业完成了采购程序之后，由销售方和本企业之外的第三方负责物流服务活动。这里的第三方是指专业从事物流业务的第三方企业，有较高的物流服务水平。其从事供应物流，主要向买方提供服务，同时也向销售方提供服务，客观上协助销售方扩大市场。

由第三方物流企业负责供应物流的最大好处是，能够承接这项业务的物流企业必定是专业的物流企业，服务水平高，成本低。同时，不同的专业物流公司，一般都具备自身特有的、能够形成核心竞争力的机器装备、设施和人才，这就为企业提供了广泛的选择余地，有利于进行供应物流的优化。

在网络经济时代，很多企业要构筑广域的或者全球的供应链，这就要求物流企业有更强的服务能力和更高的服务水平，这是一般生产企业不可能做到的。从这个层面来讲，必须要依靠从事物流的专业第三方来做这项工作。

（3）企业自供物流。

企业自供物流指由企业自身组织其所采购的物品的物流活动。企业在组织供应的某些种类物品方面，可能会有一些设备、装备、设施和人才方面的优势，这样，由本企业组织自己的供应物流也未尝不可。这种模式有利于企业掌握控制权，利用现有资源，降低交易成本，同时有利于提升企业品牌价值。但是，企业自供物流模式会增加企业的投资和管理难度，加大风险；更重要的是，不利于企业核心竞争力的提升，甚至会妨碍主营业务的发展。

（4）供应链下的供应物流。

在供应链下，供应物流将融入其发展之中，采购、库存控制等活动将与供应链中的其他成员紧密相关，而不再是单个企业的行为，市场竞争将是供应链间的竞争。生产商和供应商将结成战略伙伴关系，信息共享状态下销售商会根据需求动态、库存水平，利用网络向生产商发出商品市场信息；生产商根据生产情况和销售进货情况，制订生产计划，确定原材料品种、订单数量，再通过网络向供应商发送订单。由于信息畅通、及时，对客户的需求可以做出快速反应，从而降低库存，提高整体的服务水平。由于供应链管理的目标是将整个供应链上的所有环节的市场、分销网络、制造过程和采购活动联系起来，以实现客户服务的高水平与低成本，以赢得竞争优势，因此供应物流最终将与其他部分整合在一起，成为供应链发展中不可分割的重要组成部分（见图3-8）。

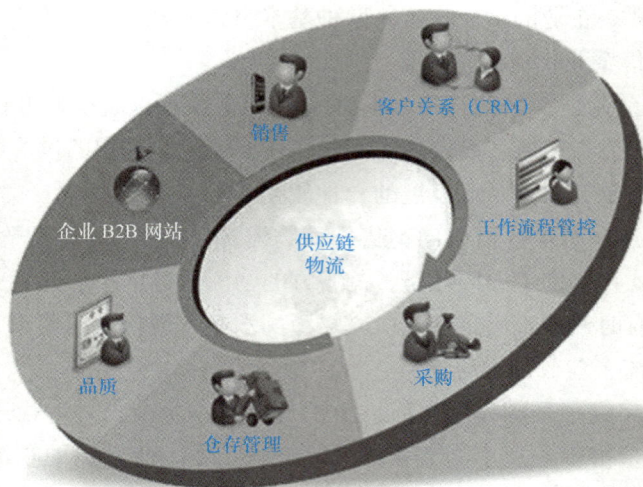

图 3-8 供应链物流

小知识

供应链物流是为了顺利实现与经济活动有关的物流活动，协调运作生产、供应活动、销售活动和物流活动，进行综合性管理的战略机能。供应链物流是以物流活动为核心，协调供应领域的生产和进货计划、销售领域的客户服务和订货处理业务，以及财务领域的库存控制等活动。更重要的是，供应链物流会协调各渠道伙伴之间的关系，涉及供应商、中间商、第三方服务供应商和客户等。因此，供应链物流有利于提升整体运作效率和质量，提高服务水平，增强竞争力。

三、供应物流的服务方式

供应物流的服务方式主要有下列三种：

（1）准时供应方式。

在买方市场环境下，供应物流活动的主导者是买方。购买者（客户）有极强的主动性，客户企业可以根据自身的需求选择合适的供应物流服务方式；而供应物流的承担者，作为提供服务的一方，必须以最优质的服务才能够被客户所接受。从客户企业一方来看，准时供应方式是一种比较理想的服务方式。

准时供应方式是按照客户的要求，在计划的时间内或者在客户要求的时间内，实现客户的供应要求。准时供应方式大多是双方事先约定供应的时间，互相确认时间计划，因而有利于双方做好供应物流和接货的组织准备工作。

（2）即时供应方式。

即时供应方式是准时供应方式的一个特例，是不依靠计划时间而完全按照客户提出的时间要求，进行准时供应。这种方式一般作为应急措施使用。

在网络经济时代，由于电子商务的广泛开展，在电子商务活动中，消费者所提出的服务要求大多缺乏计划性，而又有严格的时间要求，所以，在新经济环境下，这种供应方式有被广泛采用的趋势。需要说明的是，这种供应方式由于很难进行计划安排和共同配送，所以一般成本较高。

（3）看板方式。

看板方式是准时供应方式中的一种简单而有效的方式，也称为"传票卡制度"或"卡片制度"。在企业之间或在企业的各工序之间，或在生产企业与供应企业之间，采用固定格式的卡片为凭证，由下一环节根据自己的生产节奏，逆生产流程方向，向上一环节指定供应，从而协调上下游关系，做到供应的准时同步。采用看板方式，可以使供应库存实现零库存。

巩固提高

一、简答题

1. 请简述供应物流的内容。
2. 请分析供应物流的发展趋势。
3. 使用思维导图分析供应物流的模式。

二、任务题

任务背景：汽车零配件的供应是汽车生产活动的前提和关键，直接影响汽车生产企业的生产效率。汽车零配件供应物流是汽车生产物流系统良性运作的关键环节。

任务要求：选择一家汽车生产企业进行实地调研，或从网上查询相关资料，分析该企业的零配件供应物流采取的是哪种模式，实际运作情况如何。

任务实施：

第一步：学生进行分组，3～5人一组进行调研，调研该企业供应物流的运作情况，分析其采取的是哪种模式以及有哪些优缺点。

第二步：总结调研结果并进行汇报，教师进行点评。

单元三 ▶ 认识生产物流

单元背景

动画微课 14
了解生产物流

丰田公司的精益生产

丰田公司的零库存是怎么实现的？丰田汽车公司是世界汽车业的巨头，它创造出了一种独特的生产模式，被称为"丰田生产方式"。这种生产方式，简单地说，就是基于杜绝浪费的思想，追求科学合理的制造方法而创造出来的一种生产方式，也就是所谓的零库存计划。

杜绝浪费、精细化生产，这对于每一个企业来说都是涉及提高效率、增加利润的大事。丰田公司对浪费作了严格区分，将浪费现象分为以下 7 种形式：

（1）生产过量造成的浪费；

（2）窝工造成的浪费；

（3）搬运上的浪费；

（4）加工本身的浪费；

（5）库存的浪费；

（6）操作上的浪费；

（7）制成次品造成的浪费。

许多企业的管理者都认为，库存比以前减少一半左右就无法再降低了，但丰田公司就是要将库存率降为零。为了达到这一目的，丰田公司采用了一种"防范体系"。拿自动化设备来说，该工序的"标准手头存活量"规定是 5 件，如果现在手头只剩 3 件，那么，前一道工序便自动开始加工，增加到 5 件为止。到了规定的 5 件，前一道工序便依次停止生产，制止超出需求量的加工。再拿后一道工序来说，后一道工序的标准手头存活量是 4 件，如减少 1 件，前一道工序便开始加工，送到后一道工序；后一道工序一旦达到规定的数量，前一工序便停止加工。为了使各道工序经常保持标准手头存货量，各道工序就要在联动状态下开动设备，这种体系就叫作"防范体系"。在必要的时刻，一件一件地生产所需要的零部件，就可以避免生产过量而导致的浪费。

丰田汽车公司创造了这样的工作方法：必须做的工作要在必要的时间去做，以避免生产过量造成的浪费，同时也可以避免库存的堆积。如果不是在每一个细节上都精益求精，完全不可能达到这种效果。

单元目标

📖 知识目标

1. 掌握生产物流的概念和内容。
2. 掌握生产物流与社会物流的区别。
3. 了解生产物流的类型。

📖 能力目标

1. 能够分析生产物流影响要素。
2. 能够说明生产过程的类型。

📖 素养目标

1. 树立精益求精、追求卓越的职业理念。
2. 培养学生团队协作意识，增强集体荣誉感。
3. 培养学生爱岗敬业、诚实守信、吃苦耐劳的职业精神。

知识储备

一、走近生产物流

1. 生产物流的概念

《中华人民共和国国家标准：物流术语（GB/T 18354—2021）》中对生产物流定义为：生产企业内部涉及原材料、在制品、半成品、产成品等的物流活动。

生产物流和生产流程同步，是从原材料购进开始直到产成品发送为止的全过程的物流活动。原材料、半成品等按照工艺流程在各个加工点之间不停顿的移动、转移，形成了生产物流。它是制造产品的生产企业所特有的活动，如果生产中断了，生产物流也就随之中断了。

2. 生产物流的内容

生产物流的基本工作是按照物资需求计划的指令，准时、保量、无差错地将生产所需要的物资配送到现场和每一个工作中心。生产物流包括以下内容：场内仓储管理、物流设施设备的选用以及库存管理。

生产物流的范围包括制造型企业中所有原材料和在制品的物流管理（见图3-9）。

输入
✓ 原材料
✓ 人力
✓ 设备
✓ 信息
✓ ……

输出
✓ 有形的产品
✓ 满足客户要求
✓ ……

图 3-9　生产物流转化过程

📁 小知识

生产物流的影响要素

由于生产物流的多样性和复杂性，以及生产工艺和设备的不断更新，如何更好地组织生产物流，是物流研究者和管理者始终追求的目标。只有合理组织生产物流过程，才能使生产过程始终处于最佳状态。生产物流的影响要素包括以下几点：

- 生产工艺——对生产物流有不同要求和限制。
- 生产类型——影响生产物流的构成和比例。
- 生产规模——影响物流量大小。
- 专业化和协作化水平——影响生产物流的构成与管理。

3. 生产物流的发展经历

生产物流的发展历经了人工物流、机械化物流、自动化物流、集成化物流、智能化物流5个阶段。

二、生产物流与社会物流的区别

1. 实现价值不同

企业生产物流和社会物流的本质区别，也就是企业物流最本质的特点，在于社会物流是实现时间价值和空间价值的经济活动，而生产物流是实现加工附加价值的经济活动。

企业生产物流一般是在企业内部完成的，因此，空间距离的变化不大；在企业内部的储存和社会储存的目的也不相同，这种储存是对生产的保证，而不是一种追求利润的独立功能，因此时间价值不高。但企业生产物流伴随加工活动而发生，可以实现加工附加价值，也就是实现企业生产的目的。

2. 主要功能要素不同

企业生产物流的主要功能要素也不同于社会物流。社会物流的功能要素一般包括运输和储存，其他活动是作为辅助性或次要功能或强化性功能要素出现的；而企业物流主要功能要素则是搬运活动。

许多生产企业的生产过程，实际上是物料搬运的过程。在不停搬运的过程中，物料得到了加工，改变了形态。即使是配送企业和批发企业的企业内部物流，实际上也是不断搬运的过程，通过搬运，商品完成分货、拣选、配货工作，完成大改小、小集大的换装工作，从而使商品形成了可配送或可批发的形态。

3. 物流过程不同

企业生产物流是一种工艺过程性物流，一旦企业生产工艺、生产装备及生产流程确定，企业物流也因而成为了一种稳定性的物流，物流便成了工艺流程的重要组成部分。由于这种稳定性，企业物流的可控性、计划性便很强；而一旦进入这一物流过程，选择性及可变性便很小。对物流的改进只能通过对工艺流程的优化来实现，这方面和随机性很强的社会物流也有很大的不同。

4. 物流运行不同

企业生产物流的运行具有极强的伴生性，往往是生产过程中的一个组成部分或是一个伴生部分，这决定了企业物流很难与生产过程分开而形成独立的系统。

在总体呈现伴生性的同时，企业生产物流中也存在与生产工艺过程可分的局部物流活动，这些局部物流活动有单独的界限和运动规律，当前企业物流的研究大多针对这些局部物流活动而言。这些局部物流活动主要包括：仓库的储存活动、接货物流活动、车间或分厂之间的运输活动等。

小知识

生产物流的流程如图 3-10 所示。

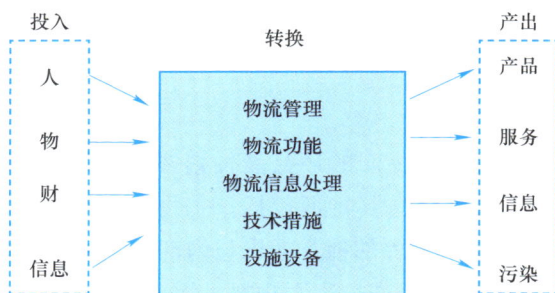

图 3-10　生产物流的流程

三、生产物流的类型

按照生产过程物流连续程度和客户对产品需求的复杂程度，可将生产过程分为如下五个类型，如图 3-11 所示。同时，不同类型的生产过程也对应着五种不同的生产物流类型。

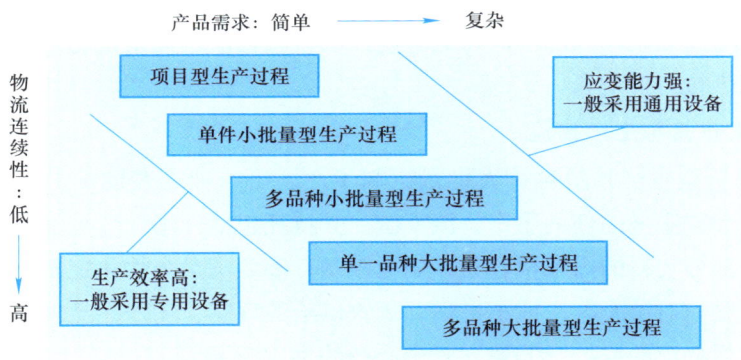

图 3-11　生产过程的类型

1. 项目型生产物流

项目型生产物流可细分为两种类型：只有物料流入、几乎无物料流出的"纯项目型"生产物流系统，以及物料流入生产场地后，滞留相当长一段时间再流出"准项目型"生产物流系统。

项目型生产物流的特征包括：①消耗定额不容易或不适宜准确制定；②生产过程中原材料、在制品占用大，几乎无产成品占用；③物流在加工场地的方向不确定，加工路线变化极大，工序之间的物流联系不规律；④物资需求与具体产品存在一一对应的相关需求。

2. 单件小批量型生产物流

单件小批量型生产物流是指需要生产的产品品种多，但每一品种生产的数量较少，生产重复度低的生产物流系统。其特征包括：①生产的重复程度低，从而物料需求与具体产品制造存在一一对应的相关需求关系；②物料的消耗定额不容易或不适宜准确把控；③外部物流较难控制。

3. 多品种小批量型生产物流

多品种小批量型生产物流是指生产的产品品种繁多并且每一品种有一定的生产数量，生产的重复度中等的生产物流系统。其特征包括：①物料生产的重复度介于单件生产和大量生产之间；②以 MRP 实现物料的外部独立需求与内部的相关需求之间的平衡，以 JIT（准时性生产方式）实现客户个性化对生产过程中物料、零部件、成品的拉动需求；③由于产品设计和工艺设计采用并行工程处理的方式，因此，物料消耗定额容易准确把控，从而产品成本容易降低；④由于生产品种的多样性，对制造过程中物料的供应商有较高的选择要求，从而使得外部物流的协调较难控制。

4. 单一品种大批量型生产物流

单一品种大批量型生产物流是指生产的产品品种数相对单一，而产量却相当大，生产的重复度非常高且需要大批量配送的生产物流系统。其特征包括：①物料加工的重复度高，从而物料需求的外部独立性和内部相关性易于计划和控制；②物料消耗定额容易并适宜进行准确把控；③供应商固定，外部物流相对容易控制；④物流功能系统化与引入物流作业中各种先进技术可以进行有机配合。

5. 多品种大批量型生产物流

多品种大批量型生产物流也称大批量定制生产，是一种以大批量生产的方式，提供客户特定需求的产品和服务的新的生产物流系统。其特征包括：①物料被加工成基型产品的重复度高，因而这部分物料的需求很容易计划与控制；②要满足个性化定制要求；③产品组合配置完成以后，要面对单个客户或小批量、频繁供给的现实；④产品品种的多样化和数量的规模化，要求全程物流的支持，需建立一个有效的供应链网络。

📁 **小知识**

不同生产模式下的生产物流方案

➤ 作坊式手工生产模式（也称单件生产模式）
　生产物流控制的关键：作业程序
➤ 大批量生产模式（MP）
　生产物流控制的关键：风险管理
➤ 多品种小批量生产模式（精益生产，LP）
　生产物流控制的关键：降低成本

巩固提高

一、简答题

1. 请简述生产物流的内容。
2. 请分析生产物流与社会物流的区别。
3. 利用思维导图分析生产物流的类型及其特点。

二、任务题

任务背景： 请阅读本单元导入案例——丰田公司的精益生产，并通过网络查看相关资料。

任务要求： 分析丰田公司精益生产的特点，结合生产物流相关知识说明丰田公司是如何做到零库存的。

任务实施：

第一步：以小组为单位，仔细阅读导入案例，分析丰田公司为实现精益生产所采取的措施。

第二步：分析总结丰田公司生产物流的类型及特点，结合生产物流的类型说明丰田公司为实现零库存所采取的措施。

第三步：进行总结汇报，教师点评。

单元四 ▶ 认识销售物流

单元背景

动画微课 15
了解销售物流

净 菜 加 工

净菜是指新鲜蔬菜经过挑选、整理、净化（清洗）处理并经严格的检验后，以小包装形式上市的洁净型商品蔬菜。净菜上市减少了蔬菜在批发、运输、零售过程中环境的污染，同时也减少了蔬菜在销售、加工、食用过程中产生的垃圾，便于销售，也便于消费者携带。净菜加工流程包括清洗、挑选、切菜、消毒、沥水、包装等几个环节。

以奶白菜的分拣为例，其作业流程如下：

加工方式：翻筐（挑拣）。

加工标准：叶片新鲜、完整，根茎脆嫩，根部无腐烂、无畸形的部分。

加工流程：

● 分把：以 2～3 棵为一把。

- 挑拣：摘除黄叶、烂叶，挑拣出腐烂、畸形的部分。
- 对齐：用双手将商品在加工台上进行踩齐。
- 捆扎：用绿胶带在离根部 10 厘米的位置捆扎一道，松紧以手指刚好能插入为准。捆扎完毕后，将商品以根部向后的方式摆放在传送带上。
- 装筐：经检验合格后，进行装筐作业，每层 8 把、每筐 4 层交叉码放，每筐重约 10 千克（见图 3-12）。

图 3-12　装筐作业

净菜可以让消费者免去摘菜、洗菜甚至切菜等一系列烦琐的工序，同时可以减少菜叶、菜帮、菜根等蔬菜垃圾在运输、销售、垃圾处理等环节造成的污染。但是，目前的净菜加工行业也面临着一些问题。一是供应链层级较多，加工环节过长。蔬菜要经过农户、产地批发市场、销区批发市场、净菜加工者、超市等多个环节，净菜成本逐层递增；且净菜加工的损耗较大，新鲜度也有所下降，在某种程度上降低了净菜对于新鲜蔬菜的竞争力。二是净菜的加工、销售和配送作业对于企业的加工、贮藏、包装、配送等能力提出了考验。目前，规模适度且具备较强经营能力的相关企业较少，能够供应的品类也有限，经营成本较高，这也导致了净菜价格比一般蔬菜价格要高。

总体来说，净菜加工行业的发展前景广阔，企业如何提高净菜处理能力，缩短供应链、控制成本、降低净菜价格，成为净菜加工企业能否获取竞争优势的重点。

单元目标

📖 知识目标

1. 掌握销售物流的概念、作用。
2. 掌握销售物流的主要环节和流程。
3. 掌握销售物流服务的构成要素。

📖 能力目标

1. 能够分析现实企业销售物流的各个环节。
2. 能够根据销售物流服务的构成要素分析客户满意度提升的方法。

📖 素养目标

1. 培养学生为客户着想、真诚服务的服务理念。
2. 提升学生的理解能力、沟通能力和协调能力。
3. 树立安全、节约、环保的职业理念。
4. 培养学生抗压能力，培养学生的耐心、恒心和信心。

知识储备

一、走近销售物流

1. 销售物流的概念

销售物流是指企业在销售商品过程中所发生的物流活动。具体来讲，销售物流是企业在销售过程中，将产品的所有权转给客户的物流活动，是产品从生产地到客户的时间和空间的转移，是以实现企业销售利润为目的的，是包装、运输、储存等环节的统一。

作为企业重要经营业务之一和盈利的关键环节，销售在企业价值链上起着非常重要的作用，而作为实现销售的必要辅助活动的销售物流，又是提高销售工作效率的必要保证。

📁 小知识

对于生产企业而言，物流是企业的第三利润源泉，降低销售物流成本是企业降低成本的重要手段。销售物流成本占据了企业销售总成本的20%左右，销售物流的好坏直接关系到企业利润的高低，进而影响企业的生存与发展。

销售物流是一个系统，具有一体化特征。销售物流是企业为保证自身的经营效益，伴随销售活动，不断将产品所有权转移给客户的物流活动，是订货处理、产成品库存、发货运输、销售配送等物流活动的有机统一。

2. 销售物流的作用

销售物流的作用表现在可以提高服务质量和客户的满意度、增加企业的销售收入、节约物流成本，进而为企业生存和发展提供必要条件。销售物流以满足客户的需求为出发点，从而实现销售和完成售后服务，因此销售物流具有很强的服务性。

销售物流是连接生产企业和客户的桥梁，是企业物流与社会物流的衔接点。销售物流是企业物流活动中的一个重要环节，它以产品离开生产线进入流通领域为起点，以送达客户并经售后服务为终点，它与社会销售系统相互配合共同完成企业的分销和销售任务。

二、销售物流的主要环节

销售物流的主要环节（见图3-13）包括产成品包装、产成品储存、订单处理、销售渠道的选择、货物运输、装卸搬运等。

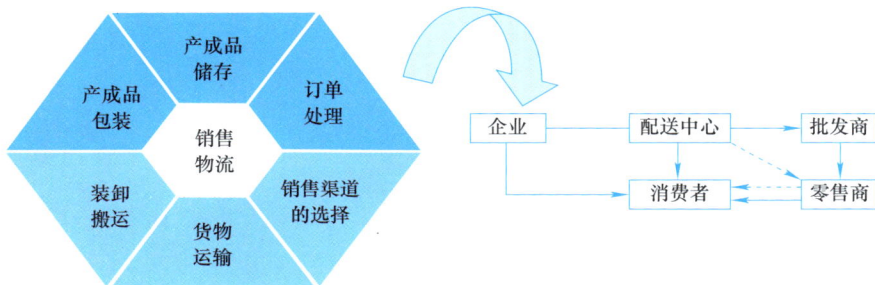

图3-13 销售物流的主要环节

1. 产成品包装

（1）销售包装：目的是向消费者展示商品，以吸引顾客，方便零售。

（2）运输包装：目的是保护商品，便于运输和储存。

2. 产成品储存

产成品储存要求保持合理库存水平以满足客户需求，作业内容包括以下几点：

（1）仓储作业。

（2）物品养护。

（3）库存控制。

3. 订单处理

订单处理流程包括以下环节：

（1）接收订单。

（2）核查订单。

（3）记录订单。

（4）整理订单。

（5）汇集订单。

（6）准备发运商品。

4. 销售渠道的选择

销售渠道的选择主要有以下几类：

（1）生产者→消费者（直销）。

（2）生产者→批发商→零售商→消费者。

（3）生产者→批发商或零售商→消费者。

5. 货物运输

运输决策考虑因素包括：

（1）产成品的批量。

（2）运输距离。

（3）地理条件。

6. 装卸搬运

装卸搬运作业内容包括：

（1）装上。

（2）卸下。

（3）移动。

（4）分类。

（5）堆码。

三、销售物流服务的构成要素

销售物流服务由订货周期、可靠性、信息渠道、方便性等要素构成。

1. 订货周期

订货周期（见图 3-14）可以定义为从客户提出订货、购买或服务要求，到收到所订购产品或服务所经过的时间。订货周期的缩短标志着企业销售物流管理水平的提高。一个订货周期所包含的时间因素包括订单传输时间、订单处理与配货时间、额外时间和送货时间。

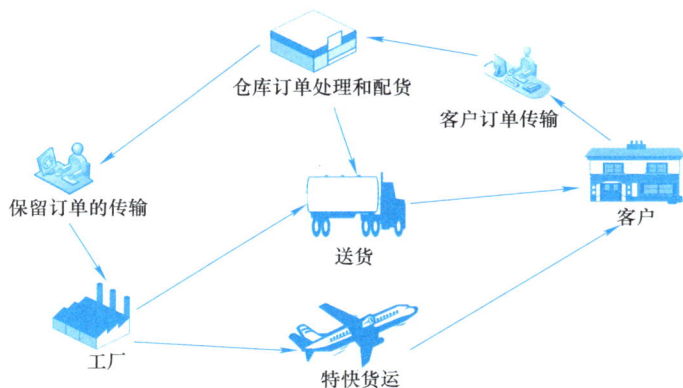

图 3-14　订货周期

2. 可靠性

可靠性是指根据客户订单要求，按照预定的提前期，安全地将货物送达客户指定地点。如果没有销售物流的可靠性作保证，销售物流服务只能是空谈。物流管理者应认真做好信息反馈工作，了解客户的反应与要求，提高客户服务系统的可靠性。

（1）提前期的可靠性。

提前期的可靠性对于客户的库存水平和缺货损失有直接影响。可靠的提前期能降低供应的不确定性，能使客户的库存、缺货、订单处理和生产总成本最小化。如果提前期是固定的，客户可将其库存调整到最低水平，而不需要保险存货来避免由于波动的提前期造成的缺货。

（2）安全交货的可靠性。

安全交货的可靠性是销售物流系统的最终目的。如果货物破损或丢失，客户不仅不能如期使用这些货物，而且还会增加库存和销售成本。若收到破损的货物，客户不能用于生产或销售，这就增加了缺货损失。为了避免这种情况的发生，客户就必须提高库存水平，但同时也提高了库存成本。另外，未能安全交货还会使客户向承运人提出索赔或向卖方申请退回破损货物，从而影响销售物流整体运行效率。

（3）正确供货的可靠性。

当客户收到的货物与所订货物不符时，将给客户造成停工待料损失或影响客户及时销售产品。销售物流领域中，订货信息的传送和订货挑选都可能影响企业的正确供货。因此，为了做到正确供货，在订货信息传递阶段，使用电子数据交换（EDI）系统，可以大大降低出错率；产品标识和条形码的标准化，也可以减少订货挑选过程中的差错。另外，EDI 与条形码的结合还能够提高存货周转率、降低成本、提高销售物流系统的服务水平。

3. 信息渠道

同客户保持良好的信息沟通是监控客户服务可靠性的重要手段。信息渠道应对所有客户开放并准入，这是对销售物流服务水平进行外部约束的重要途径。没有与客户的联系，物流管理者就不能提供有效、经济的服务。

沟通是双向的，卖方必须把关键的服务信息传递给客户，如卖方应把降低服务水平的信息及时通知客户，使客户及时做出调整。另外，客户需要了解与装运状态相关的信息，询问有关装运时间、运输路线等的相关情况，因为这些信息对客户制订运营计划是非常必要的。

4. 方便性

方便性是指服务水平必须灵活便利。从销售物流服务的观点来看，所有客户对销售物流服务有相同的要求，有一个或几个标准的服务水平适用于所有客户是最理想的，但却是不现实的。如某一客户要求所有货物用托盘装运并由铁路运输，另一位客户要求用汽车运输，不用托盘，或者个别客户要求特定的交货时间。因此，客户在包装、运输方式、承运人和运输路线以及交货时间等方面的需求都不尽相同。

为了更好地满足客户需求，就必须确认客户的不同要求，根据客户规模、区域分布、购买的产品及其他因素将客户需求进行细分，为不同客户提供适宜的服务水平，这样可使物流管理者针对不同客户以最经济的方式满足其服务需求。

小知识

销售物流合理化的方法

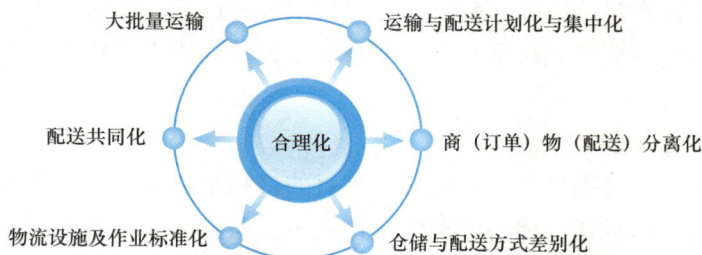

大批量运输

运输与配送计划化与集中化

配送共同化

合理化

商（订单）物（配送）分离化

物流设施及作业标准化

仓储与配送方式差别化

巩固提高

一、简答题

1. 什么是销售物流？销售物流有哪些环节？
2. 销售物流服务的四个构成要素是什么？

3. 看图说说企业销售物流的流程（见图 3-15）。

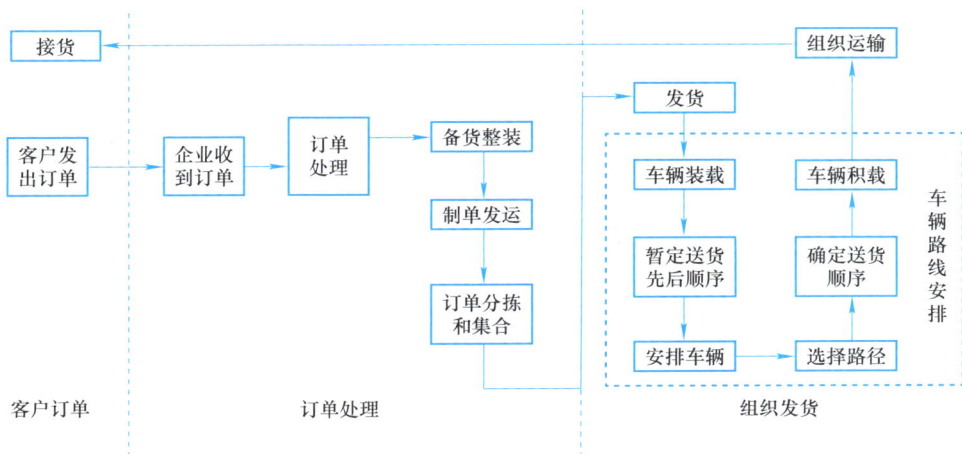

图 3-15　企业销售物流的流程

二、任务题

任务背景： 从田园到厨房，净菜已逐渐走进我们的生活中。净菜加工行业发展前景广阔，物流在其中发挥着至关重要的作用。

任务要求： 仔细阅读单元背景案例，试分析净菜加工企业销售物流的内容及作用。

任务实施：

第一步：以小组为单位进行案例分析，分析净菜加工领域销售物流的各环节内容，并从销售物流角度为净菜加工企业如何提升竞争力给出合理化建议。

第二步：小组进行讨论并汇总结果，制作 PPT 进行演示汇报，教师进行点评。

单元五　认识回收与废弃物物流

单元背景

动画微课 16
了解回收与废弃物物流

循环利用，看垃圾如何变废为宝

2019 年 6 月 28 日，上海老港再生能源利用中心二期宣布正式启用。该项目配置 8 条 750 吨／日的机械炉排炉焚烧线和 3 台 50 兆瓦凝汽式汽轮发电机组。全部马力开足后，日均处理垃圾量可达 6 000 吨。届时，老港一、二期工程总焚烧处理生活垃圾将达 300 万吨／年，约占上海市居民年产生垃圾总量的 1/3，成为全球规模最大的垃圾焚烧厂。

传统的垃圾处理方式有三种，即沤肥、填埋和焚烧。和沤肥相比，填埋和焚烧可以兼顾发电，经济效益显著。对生活垃圾进行堆积或填埋后，经过微生物分解，会产生以甲烷和二氧化碳为主的混合气体，二者最终各占 55% 和 45%。这种混合气体是可燃的，其热值相当于天然气的一半。如果能够对垃圾填埋场进行合理规划，就可以有效利用垃圾填埋产生的气体进行发电，从而达到变废为宝的目的。

与其他两种方式相比，垃圾焚烧不仅节约土地，而且能提高垃圾的资源利用率。上海老港再生能源利用中心二期的烟气净化系统采用先进的组合工艺，烟气排放达到国家标准和欧盟 2000 标准，甚至可以达到天然气燃烧后的超净排放标准。同时，通过焚烧产生炉渣可进行综合利用，用途包括制造建筑骨料等，而整个垃圾的体积也可减为原来 1%。

垃圾焚烧发电既产生了"环境效益"，又带来了"能源效益"，有效地控制了生活垃圾二次污染，极大改善了生活环境。"一般垃圾厂一吨垃圾发电 450 度，老港二期可以达到 600 度。"老港二期项目总工如是说，"采用先进的技术和设备，使用净化装置，使排出来的气体和污染物对环境的污染降至最低，在处理垃圾的同时产生大量电能，除了对项目自身的供给外，大部分实现了对外输出。"

单元目标

📖 知识目标

1. 掌握回收物流的概念、意义。
2. 掌握废弃物物流的概念、意义。

📖 能力目标

1. 能够区分不同废弃物适合的处理方式。
2. 能够说明回收物流和废弃物物流处理的技术及合理化措施。

📖 素养目标

1. 树立绿色、环保、安全、节约的职业理念。
2. 提升环境保护意识，能够从身边做起。
3. 自觉发扬勤俭节约的优良传统。

知识储备

一、走近回收物流和废弃物物流

1. 回收物流的概念

回收物流，又称逆向物流、反向物流，指不合格物品的返修、退货以及周转使用的包装容器从需方返回到供方所形成的物品的实体流动。

企业在生产、供应、销售的活动中总会产生各种边角余料和废料，这些物品的回收是需要伴随物流活动进行的。如果回收物品处理不当，往往会影响整个生产环境，甚至影响产品的质量，占用空间，并造成浪费。

回收物流包含了从不再被消费者需求的废旧品变成重新投放到市场上的可用商品的整个过程中的所有物流活动。回收物流的物品流向与传统的正向物流方向正好相反（见图

3-16），其作用是将消费者不再需要的商品或余料、废料，运回到生产和制造领域，并重新变成新商品或者新商品的某些部分。

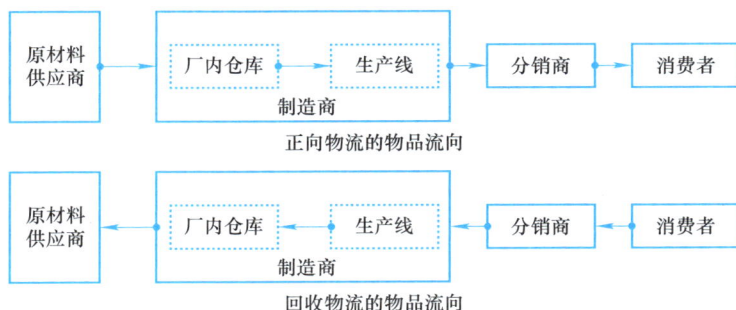

图 3-16　物流的流向

2. 废弃物物流的概念

废弃物物流是指将经济活动或日常生活中失去原有使用价值的物品，根据实际需要进行收集、分类、加工、包装、搬运、储存等操作，并分送到专门处理场所的物流活动，是当对象物失去原有价值或再利用价值时，为保护环境而将其妥善处理的活动。

📁 小知识

生活中的废弃物再利用

生产中的钢铁、纸浆、玻璃等绝大部分原材料都是来自于废弃物的回收再生。据统计，回收 1 吨废钢铁，可炼出好钢 900 千克，节约铁矿石 2 吨、石灰石 600 千克、优质煤 1 吨；回收 1 吨废杂铜壳可提炼电解铜 860 千克，可以节约铜矿石 60 吨，节约电能 50% 左右；回收 1 吨废纸可造新纸张 800 千克，可节约煤 500 千克，节约电 500 千瓦；回收 1 吨废玻璃可生产好玻璃 900 千克或生产 500 克装瓶子 2 000 个，节约成本 20% 左右。

电子垃圾也有一定的经济价值。据统计，报废的手机中平均含有 14 克的铜、0.19 克的银、0.03 克的金等贵金属。这些资源如果不加以回收再利用，将造成极大的浪费。

二、回收物流与废弃物物流的意义

1. 使社会资源量相对增加

社会资源总量是有限的，回收利用废旧物资可以提高资源利用率，从而在一定程度上缓解了资源紧张的状况。

2. 节约各种能源

利用废旧物料既可以节约开采资源的能源消耗，又可以节约物料生产过程中的能源消耗。

3. 减少废旧物资对环境的污染破坏

通过回收利用废旧物料，可以大大减少废旧物资对环境的污染和破坏，实现可持续发展。

4. 节约时间，加快工业发展速度

进行回收物流与废弃物物流，可以提高原材料生产、运输的效率。例如利用废铁炼钢，可以节约铁矿石、石灰石等原材料的生产时间和运输时间，从而提高生产的效率。

三、废弃物的处理方式

"废弃物"只是在一定时期、一定的范围内，资料的形态或用途发生了变化，而它本身可以被利用的属性并没有完全消失，只要被人们发现和利用后，就可以变成有用的资源（见图 3-17）。

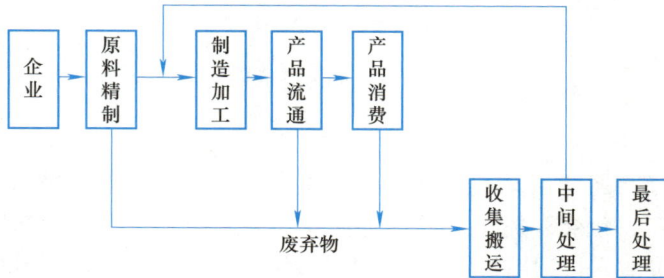

图 3-17　企业废弃物的产生、处理系统

废弃物的处理方式有以下几种：

1. 回收利用

废弃物通过净化处理技术，可进行回收再利用，但是对废弃物的材料有一定的限制，可回收废弃物一般为金属、塑料、纸张、废水等。回收后，企业经过加工处理，可以再次服务于生产或直接进行销售，有利于提高资源的利用效率，降低生产成本。

2. 卫生填埋

卫生填埋是在国内外广泛应用的一种废弃物处理方式，操作方便，处理成本较低。企业生产过程中产生的废弃物，在政府规定的区域内，利用原有的废弃坑塘或人工挖掘出的深坑进行掩埋。这种方式占用土地资源量大，只适用于对地下水无毒害的固体垃圾。

3. 垃圾焚烧

垃圾焚烧是一种传统的垃圾处理方法，减量化效果显著，可以减少土地占用，防止病毒传播。但是垃圾焚烧会产生一些有毒气体和灰尘，只适用于有机物含量较高的垃圾或经过分类处理将有机物集中的垃圾。同时，在焚烧过程中产生的热能经过回收可以用于生活取暖和发电。

4. 堆肥利用

一些废弃物可以进行堆肥利用，部分废弃物在微生物的作用下会发生化学反应，形成腐殖质，然后经过工业改良生产，能将其转化为肥料、土壤改良剂等物质，适宜运用在农业生产中。

> 📁 **小知识**

回收物流技术

回收物流技术主要包括：拆解及破碎分拣物流技术、回收复用物流技术、收集集货物流技术、联产供应物流技术等。

> 💡 **案例分享**

"互联网＋回收"，"数智化"赋能废旧资源循环利用

废物分类管理是回收过程的基础。不同的废物有着不同的价格，因此，对废物进行分类管理是必要的。通过互联网技术，可以实时更新智能分类回收设备的满溢信息，满溢后自动通知回收人员清运。回收物精准分类，还可以优化储存和运输等环节，提高回收效率。

实现回收过程的数智化是提高效率的关键。居民可通过拨打电话、刷卡或扫码等方式登录设备，轻松完成投递，无须等待回收人员上门，整个回收过程方便快捷，大大提高回收的效率。

居民回收账户的建立，不仅让居民意识到可回收物的价值，也可进一步加强居民垃圾分类的意识，居民的生活环境在数智化垃圾分类中得到进一步优化。

在线支付功能可以简化回收过程。在线支付可以避免现金交易的不便和繁琐，同时可以提供交易记录，方便企业和回收方进行管理。居民可以在手机端自动操作取现，这样既方便了用户的使用，也有利于环保。

数据监管和科技手段的不断进步在资源回收利用方面发挥了巨大的作用，不仅可以推进垃圾分类的科技化、规范化，还可以将废弃物转化为可再生资源，进一步降低资源的消耗和环境的污染。此外，智能回收系统还可以实现垃圾的精细化管理，根据不同种类的垃圾进行分类处理，提高了资源利用率和经济效益。

巩固提高

一、简答题

1. 举例说明什么是回收物流和废弃物物流。
2. 为什么说回收物流是逆向物流？
3. 举例说明数智技术在回收与废弃物物流中的应用。

二、任务题

任务背景： 电池是生活中常见的物品，但是如果不进行妥善处理，废电池会对环境造成巨大的破坏。那么，处理废电池的方式有哪些？废电池的哪些部分可以变废为宝？请同学

进行探讨分析。

任务要求：以小组为单位，讨论废电池合理化处理的方式有哪些，废电池的哪些部分可以回收再利用，并结合所学知识，就废电池设计一个简单的回收与废弃物物流方案，并画出流程图。

任务实施：

第一步：以小组为单位，探讨废电池的组成部分，列明哪些可以进行回收再利用。

第二步：分析各部分的合理化处理方式，形成简单的回收与废弃物物流方案，画出相应的流程图。

第三步：组长进行总结汇报，教师进行点评。

模块四

了解国际物流

模块简介

国际物流又称全球物流，是指物品从一个国家（地区）的供应地向另一个国家（地区）的接收地的实体流动过程。

国际物流的实质是根据国际分工的原则，依照国际惯例，利用国际化的物流网络、物流设施和物流技术，实现货物在国际范围内的流动与交换，以促进区域经济的发展与世界资源的优化配置。国际物流的总目标是为国际贸易和跨国经营服务，即选择最佳的方式与路径，以最低的费用和最小的风险，保质、保量、适时地将货物从某国（地区）的供方运到另一国（地区）的需方。

通过本模块的学习，掌握国际物流的概念、特点以及国际物流的货运方式和基本作业流程，熟悉国际物流业务操作。

职业素养

通过对本模块的学习，让学生了解国际物流的发展，帮助学生了解国际运输法规、惯例，培养学生爱岗敬业、诚实守信、开拓进取、热爱祖国的人文情怀，培养国际视野及法律素养，具备从事国际物流活动的基本能力。

知识框图

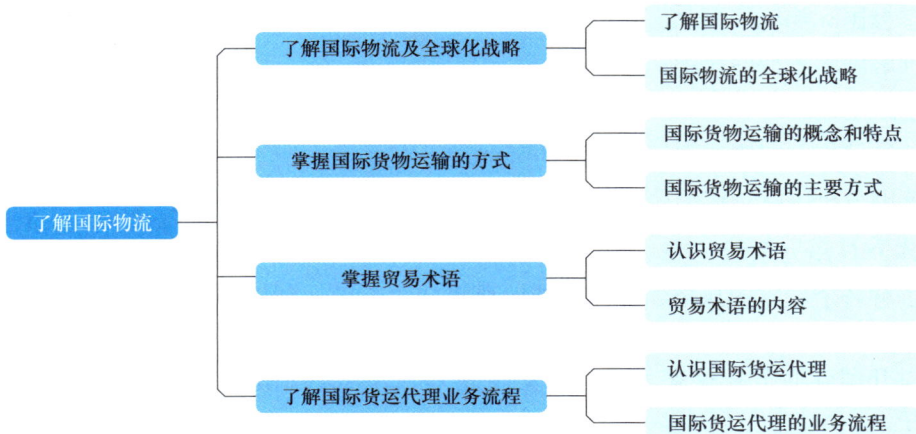

单元一 ▶ 了解国际物流及全球化战略

单元背景

动画微课 17
了解国际物流

高质量共建"一带一路"硕果惠及世界

"一带一路"（The Belt and Road，B&R）是"丝绸之路经济带"和"21 世纪海上丝绸之路"的简称，是由习近平主席提出的共同建设"丝绸之路经济带"和"21 世纪海上丝绸之路"的合作倡议。依靠我国与有关国家既有的双多边机制，借助既有的、行之有效的区域合作平台，旨在借用古代丝绸之路的历史符号，高举和平发展的旗帜，积极发展与沿线国家的经济合作伙伴关系，共同打造政治互信、经济融合、文化包容的利益共同体、命运共同体和责任共同体。

共建"一带一路"倡议提出以来，得到了越来越多国家的积极响应。"一带一路"建设在合作中不断发展，已经成为范围最广、规模最大的国际合作平台和最受欢迎的国际公共产品。随着合作不断深入，"一带一路"建设正沿着高质量发展方向不断前进。截至 2021 年，172 个国家和国际组织与我国签署了 200 多份共建"一带一路"合作文件，推动建立了 90 多个双边合作机制。同时，中欧班列开行数量、质量不断增长，已累计开行超过 4 万列，打通 73 条运行线路，通过东、中、西三大物流通道，通达欧洲 23 个国家的 170 多个城市，不仅成为稳定全球供应的"钢铁驼队"，更是各国携手抗疫的"生命通道"和"命运纽带"。

时至今日，"一带一路"沿线国家基础设施联通不断深化，国际互联互通水平持续提升，"一带一路"建设正沿着高质量发展方向不断前进，吸引着全球目光的同时也让世界共享中国倡议的智慧成果。

单元目标

📖 知识目标

1. 掌握国际物流的概念、特点。
2. 理解国际物流的作用。

📖 能力目标

1. 能够分析国际物流与国内物流的区别。
2. 能够分析国际物流的全球化战略。

📖 素养目标

1. 了解各个国家的风俗、文化，能够尊重文化差异，自觉传承我国优秀的传统文化，树立文化自信。
2. 提升国际商务礼仪素养与人际交往能力，培养爱岗敬业、诚实守信、开拓进取的职业精神。

知识储备

一、走近国际物流

1. 国际物流的概念

国际物流又称全球物流，指生产和消费分别在两个或两个以上的国家独立进行时，为克服生产和消费之间的空间距离和时间距离，对物资进行物理性移动的一项国际商品交易或交流活动，从而完成国际商品交易的最终目的，即卖方交付单证、货物和收取货款，而买方接受单证、支付货款和收取货物。

广义的国际物流研究的范围包括国际贸易物流、非贸易物流、国际物流合作、国际物流投资、国际物流交流等领域。其中，国际贸易物流主要是指货物在国际间的合理流动；非贸易物流是指国际展览与展品物流、国际邮政物流等；国际物流合作是指不同国别的企业完成重大的国际经济技术项目的国际物流；国际物流投资是指不同国家物流企业共同投资建设国际物流企业；国际物流交流则主要是指物流科学、技术、教育、培训和管理方面的国际交流。

2. 国际物流的特点

（1）物流环境存在差异。

国际物流的一个非常重要的特点是，各国物流环境的差异较大，尤其是物流软环境的差异较大。不同国家的不同物流相关法律使国际物流的复杂性远高于一国的国内物流，甚至会阻断国际物流的发展；不同国家的不同经济和科技发展水平会造成国际物流处于不同科技条件的支撑下，甚至有些地区根本无法应用某些技术而迫使国际物流全系统水平的下降；不同国家的不同标准，也造成国际接轨的困难，因而使国际物流系统难以建立；不同国家的风俗人文也使国际物流受到很大局限。由于物流环境的差异，会迫使一个国际物流系统需要在多个不同法律、人文、习俗、科技、设施的环境下运行，无疑会大大增加物流的难度和系统的复杂性。

（2）物流系统范围广。

物流本身的功能要素、系统与外界的沟通是非常复杂的，国际物流在此基础上增加了不同国家的要素，增加了地域和空间的广阔性，而且所涉及的内外因素更多，所需的时间更长；同时，广阔的范围带来的直接后果是难度和复杂性的增加，以及风险的增大。当然，也正是因为如此，国际物流一旦融入现代化系统技术之后，其效果也比以前更显著（见图4-1）。例如，开通某个大陆桥之后，国际物流速度会成倍提高，效益明显增加。

（3）国际物流必须有国际化信息系统的支持。

国际化信息系统是国际物流，尤其是国际联运中非常重要的技术支持。国际化信息系统建立的难度很大，一是管理困难，二是投资巨大，三是由于世界上有些地区物流信息水平较高，有些地区较低，所以会出现信息水平不均衡而使得信息系统的建立更为困难。当前国际物流信息系统一个较好的建立办法是和各国海关的公共信息系统联机，以及时掌握有关各个港口、机场和联运线路、站场的实际状况，为供应或销售物流决策提供支持。国际物流是最早发展电子数据交换（EDI）的领域，以EDI为基础的国际物流将会对物流的国际化产生重大影响。

（4）国际物流的标准化要求较高。

国际物流标准化是以国际物流为一个大系统，制订系统内部技术标准、工作标准及与其他系统的配合标准等，如针对物流设施、设备、工具的统一技术标准，针对包装、装卸、运输等方面的统一工作标准等。其目的是统一整个物流大系统的标准，以获得最佳的物流秩序和经济效益。可以说，标准的统一是保证国际物流系统畅通运行的基础与保证。

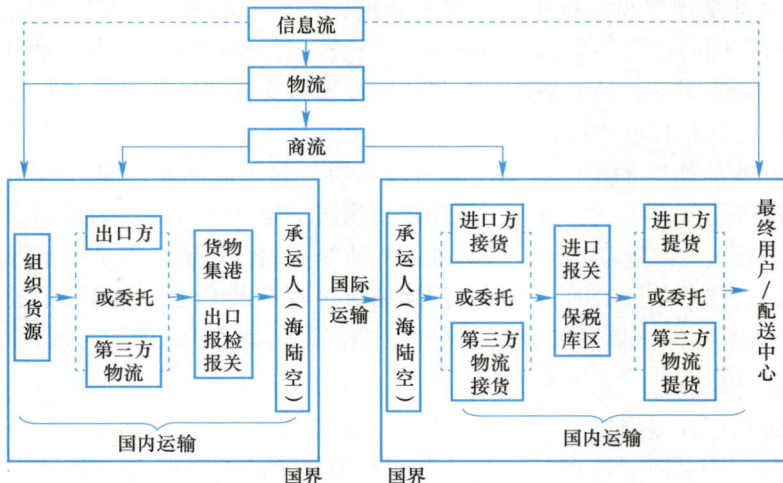

图 4-1　国际物流业务系统

二、国际物流的全球化战略

1. 国际物流基础建设

企业实施全球化战略需具备国际物流能力，包括强化基础设施和提升服务如运输、仓储、包装和信息处理。通过建立广泛的运输网络和多式联运体系，企业能提高货物中转和配送效率。同时，建设高标准仓储设施和采用先进集装箱技术，可确保货物存储和运输效率。

2. 数字化技术应用

数字化技术，如大数据、云计算和物联网，提升物流和电商企业的效率和质量。大数据分析市场和消费者，支持决策；云计算增强信息处理和 IT 利用；物联网提高货物追踪透明度和运输可靠性。

3. 安全管理

全球化战略使企业面临更多风险，如政治、经济和运输安全问题。企业需建立安全管理体系，研究目标市场环境并制定风险防范措施，同时加强物流安全监控，确保货物安全准时运输。

📁 小知识

国际物流系统组成

国际物流系统：国际货物运输子系统、外贸商品储存子系统、装卸搬运子系统、流通加工子系统、报关报检子系统、包装子系统、保险子系统

案例分享

UPS 快递

　　1907 年，UPS（United Parcel Service）成立于美国华盛顿州西雅图，提供全球运输和物流服务。作为世界上最大的快递承运商与包裹递送公司之一（见图 4-2），同时也是运输、物流、资本与电子商务服务的提供者，UPS 在全球拥有 50 多万名员工，每日递送包裹量超 2 500 万件。UPS 每天都在世界上 200 多个国家和地域管理着物流、资金流与信息流。除了提供包裹和货物运输、国际贸易便利化等服务，UPS 还不断开拓供应链管理、物流和电子商务等新领域。2021 年，UPS 实现总收入 973 亿美元，排名运输行业第一位，在 2022 年福布斯全球 2 000 强榜单中排名第 100 位。

　　"迅速"是快递公司的主要竞争力所在，UPS 公司能够实现国际快件 3 日内到达、国内快件 1 小时取件和 24 小时到达的承诺，满足了较高的服务质量要求。

　　UPS 公司除了开展信函、文件及包裹的物流快递业务之外，还为客户提供了代理报关服务，减轻了客户报关负担并缩短了报关时间；同时，UPS 还为客户提供特殊物品的包装服务，解决了客户在物品包装上的困难并为客户节省包装材料费用。

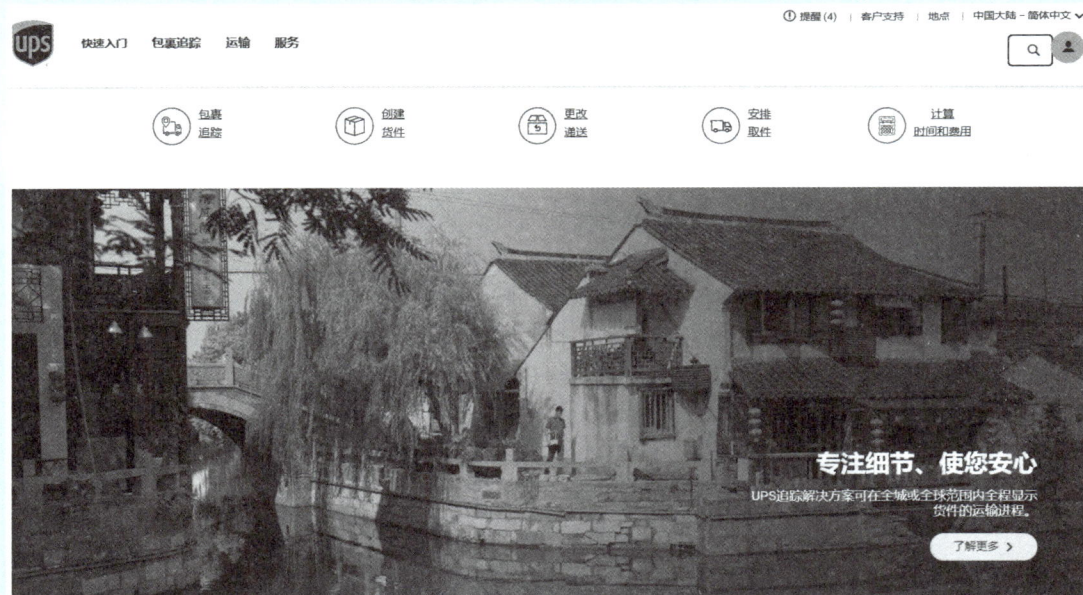

图 4-2　UPS 官网主页

巩固提高

一、简答题

1. 请查询我国 2022 年主要的国际贸易伙伴。
2. 请简述国际物流的发展历程。
3. 试分析国际物流的发展趋势。

二、任务题

任务背景： 经济全球化是当今世界发展的重要趋势，国际物流通过现代运输手段和信息技术、网络技术，在国际贸易和全球资源配置中发挥着越来越重要的作用。同时，我国的物流业也处在高速发展中，并逐步向国际物流方向发展，在今后一段时间内，物流业将成为我国经济发展的一个新的经济增长点。

任务要求： 以小组为单位，通过互联网查找一家国内快递企业相关业务信息，与案例分享中的 UPS 作对比，分析国际物流与国内物流的区别。

任务实施：

第一步：全班分位若干个小组，小组成员自行选择国内物流企业进行网络或实地调研，并记录相关信息。

第二步：对比国际物流与国内物流的区别，通过列表的形式进行总结。

第三步：组长进行总结汇报，教师进行点评。

单元二 ▶ 掌握国际货物运输的方式

单元背景

动画微课 18
掌握国际货运形式

苏伊士运河堵塞事件

2021 年 3 月 23 日，超大型集装箱船"长赐"号（见图 4-3）在苏伊士运河北部航道搁浅，造成了苏伊士运河大堵塞以及封航，所有船只不得通过，直至 3 月 29 日才得以脱困。这艘长达 400 米、载重量超过 20 万吨的大集装箱船，为什么会搁浅？公开资料显示，直接原因是该船遭遇横风，进而全船失去动力，导致了长赐号打横堵塞了航道。

图 4-3　超大型集装箱船"长赐"号堵塞在苏伊士运河

"长赐"号所堵塞的苏伊士运河，是世界上最繁忙的航线之一，该事件也引起了全世界的关注和紧张。苏伊士运河全长 193 公里，连接了欧洲与亚洲之间的南北双向水运，使得船只不需要绕过非洲最南端的好望角，大大节省了航程和成本。举个例子，从英国伦敦港到印度孟买港，走苏伊士运河比走好望角要少 43%（约 7 000 公里）的航程，因此成为欧亚贸易中重要的航运线路。

据估计，苏伊士运河堵塞 1 天的损失约为 4 亿美元，这个损失包括航运公司和制造企业的损失；而根据埃及政府每年从苏伊士运河收取约 56 亿美元的通行费估算，堵塞 1 周，埃及政府的损失约为 1 亿美元。当然，这只是经济上的直接损失，而由于经济全球化的发展，加上苏伊士运河在海运中的重要性，苏伊士运河的堵塞将会出现明显的蝴蝶效应，甚至波及全球工业和消费品价格。

单元目标

📖 知识目标

1. 掌握国际货物运输的概念和特点。
2. 掌握国际货物运输的主要方式。

📖 能力目标

1. 能够阐述国际货物运输中各种方式的优缺点。
2. 能够根据货物特点合理选择货物运输的方式。

📖 素养目标

1. 要时刻坚守安全的重要防线，坚持绿色、环保的职业理念。
2. 深刻理解节约的内涵，传承中华民族勤劳朴实、勤俭节约的优秀文化。
3. 坚守大国立场，遵循国际法律、法规，坚定理想信念。

知识储备

一、走近国际货物运输

1. 国际货物运输的概念

国际货物运输，就是在国家与国家、国家与地区之间的运输。国际货物运输又可分为国际贸易物资运输和非贸易物资（如展览品、个人行李、办公用品、援外物资等）运输两种。由于国际货物运输中的非贸易物资运输往往只是贸易物资运输部门的附带业务，所以，国际货物运输通常被称为国际贸易运输。从一国来说，就是对外贸易运输，简称外贸运输。

📁 小知识

国际货物运输的性质

在国际贸易中，商品的价格包含着商品的运价，一般约为商品价格的 10%；但在有些商品中，运价在价格中占有较大的比重，占到 30% ～ 40%。商品的运价也和商品的生产价格一样，随着市场供求关系变化而围绕着价值上下波动。商品的运价随着商品的物质形态一起进入国际市场中进行交换，商品运价的变化会直接影响国际贸易中商品价格的变化。而国际货物运输的主要对象又是国际贸易商品，所以可以说，国际货物运输也是一种国际贸易活动，只不过它用于交换的不是物质形态的商品，而是一种特殊的商品，即货物的位移。

2. 国际货物运输的特点

国际货物运输是国家与国家、国家与地区之间的运输，与国内货物运输相比，它具有以下几个主要特点：

（1）国际货物运输涉及国际关系问题，是一项政策性很强的涉外活动。

国际货物运输是国际贸易的一个组成部分，在组织货物运输的过程中，需要经常同国外发生直接或间接的业务联系，这种联系不仅是经济上的，也常常会涉及国际的政治问题，是一项政策性很强的涉外活动。因此，国际货物运输既是一项经济活动，也是一项重要的外事活动，这就要求我们在办理各项业务时，要有政策观念，按照我国对外政策的要求从事国际运输业务。

（2）国际货物运输是中间环节很多的长途运输。

国际货物运输的运输距离都比较长，往往需要使用多种运输工具、通过多次装卸搬运、经过许多中间环节（如转船、变换运输方式等）才能完成运输任务。同时，还会经由不同的地区和国家，因此要适应各国不同的法规和规定。如果其中任何一个环节发生问题，就会影响整个运输过程。

（3）国际货物运输涉及面广，情况复杂多变。

国际货物运输涉及国内外许多部门机构，需要与不同国家和地区的货主、交通运输企业、商检机构、保险公司、银行或其他金融机构、海关、港口以及各种中间代理商等打交道。同时，由于各个国家和地区的法律、政策规定不一，贸易、运输习惯和经营做法不同，金融货币制度的差异，加之政治、经济和自然条件的变化，都会对国际货物运输产生较大的影响。

（4）国际货物运输的时间性强。

按时装运进出口货物并及时将货物运至目的地，对履行进出口贸易合同、满足商品竞争市场的需求、提高市场竞争能力以及及时结汇都有着重大意义。特别是一些鲜活商品、季节性商品和敏感性强的商品，更要求快速运输，不失时机地组织供应，才有利于提高出口商品的竞争力，巩固和扩大销售市场。因此，国际货物运输必须加强时间观念，争时间、抢速度，以快取胜。

（5）国际货物运输的风险较大。

由于在国际货物运输中环节多、运输距离长、涉及面广、情况复杂多变，加之时间性又很强，因此，国际货物运输的风险较大。同时，运输沿途国际形势的变化、社会的动乱、各种自然灾害和意外事故的发生，以及战乱、封锁禁运或海盗活动等，也都可能直接或间接地影响到国际货物运输，甚至于造成严重后果，加剧了国际货物运输风险性。因此，为了转嫁运输过程中的风险损失，各种进出口货物和运输工具都需要办理运输保险。

二、国际货物运输的主要方式

按照使用的运输工具的不同，国际货物运输主要有水上运输、陆上运输、航空运输、邮包运输、集装箱运输、国际多式联运、管道运输等几种方式。

1. 水上运输

水上运输分为内河运输和海上运输，海上运输也称海洋运输，是国际货运中最主要的运输方式。我国大多数进口货物都是通过海洋运输的方式运送的（见图4-4）。其特点是运载量大、运输成本低，当然其易受自然条件和气候的影响，风险较大、速度较慢。

图 4-4　海上杂货船运输

按照船公司对船舶经营方式的不同，海洋运输分为班轮运输和租船运输。

（1）班轮运输。

班轮运输又称为定期船运输或邮船运输，是指船舶按照固定的船期表、沿着固定的航线和港口并按相对固定的运费率收取运费的运输方式。

班轮运输的特点：①"四固定"，即固定的船期、航线、装卸港口、运费率；②"一负责"，即船方负责装货卸货责任及费用；③运费相对稳定；④班轮提单是运输合同的证明。

班轮运输的优点：①班轮运输的船舶技术性能较好，运输速度快；②班轮运输的管理制度较为完善；③班轮运输特别适合一般杂货和小批量货物的运输需要；④班轮运输有利于收、发货的合理安排。

（2）租船运输。

租船运输又称不定期船运输，它和班轮运输不同，租船运输没有固定的船期表、航线及挂靠港口，而是根据船东及租船人双方签订的租船合同，按贸易需求安排船期、航线和港口。租船运输又分定程租船（航次租船）、定期租船和光船租船。

2. 陆上运输

陆上运输一般指国际铁路运输和国际公路运输。

（1）国际铁路运输。

国际铁路运输是指两个或两个以上不同国家的铁路当局联合起来，使用一份统一的国际货运单据，以连带责任的方式办理货物的全程运送。国际铁路运输的优点是不受气候条件影响，可保障全年的正常运输，运量较大，速度快且成本较低，有较高的连续性和准确性，环境污染较小，安全性较好。

📁 **小知识**

中欧班列

中欧班列（见图 4-5）是指按照固定车次、线路等条件开行，往来于我国与欧洲及"一带一路"沿线各国的集装箱国际铁路联运班列。中欧班列铺划了西、中、东 3 条运行线路：西部通道由我国中西部经阿拉山口（霍尔果斯）出境，中部通道由我国华北地区经二连浩特出境，东部通道由我国东南部沿海地区经满洲里（绥芬河）出境。2011 年

3 月，首趟中欧班列从重庆发出开往德国杜伊斯堡，开启了中欧班列创新发展的序章。

截至 2021 年，中欧班列开行 10 年来，开行列车累计突破 4 万列，合计货值超过 2 000 亿美元，打通了 73 条运行线路，通达欧洲 22 个国家的 160 多个城市。10 年来，中欧班列开创了亚欧陆路运输新篇章，铸就了沿线国家互利共赢的桥梁纽带。

2021 年 8 月 6 日上午，随着载有 2 000 余吨农副产品和汽车配件的中欧班列从内蒙古自治区鄂尔多斯市伊金霍洛旗札萨克物流园区缓缓驶出，标志着鄂尔多斯市首次开行中欧班列，而这趟开往俄罗斯莫斯科的中欧班列，也成为内蒙古中西部地区开行的第 9 条中欧班列线路。

图 4-5　汉堡—武汉的中欧班列

（2）国际公路运输。

国际公路运输是指国际货物借助一定的运载工具，沿着公路作跨及两个或两个以上国家或地区的移动过程。国际公路运输适合进行短途运输，运量小，运价较水路、铁路高，但相对灵活，起到重要的衔接作用。

3. 航空运输

航空运输是一种现代化的运输方式，它与海运、铁运比，速度快、货运质量高，但是费用更高、运量更小，一般适合运送紧急物资、鲜活商品、精密仪器和贵重物品。

📁 小知识

航空运输的四种方式

班机运输

包机运输

集中托运

航空快递

4. 邮包运输

邮包运输是一种较简便的运输方式。各国邮政部门之间订有协定和合约，通过这些协定和合约，各国的邮件包裹可以互相传递，从而形成国际邮包运输网。由于国际邮包运输具有国际多式联运和"门到门"运输的性质，再加之手续简便、费用不高，故其成为国际贸易中普遍采用的运输方式之一。

5. 集装箱运输

集装箱货物运输（见图 4-6）是以集装箱作为运输单位进行货物运输的一种现代化的运输方式，它适用于海洋运输、铁路运输及国际多式联运等。集装箱使用机械进行装卸与搬运，速度快、作业效率高，且不需要搬动箱内货物，可以减少货损货差，保证货运质量；同时可以快速实现不同运输工具之间换装，便于开展"门到门"运输。

图 4-6　集装箱运输

集装箱货分为整箱和拼箱，整箱是指货方将货物装满整箱后，以箱为单位托运的集装箱；拼箱是指承运人或代理人接受货主托运的货物数量不足以装满整箱的小票货物后，根据货类性质和目的地进行分类、整理、集中，和其他货主的货物放在一个集装箱里进行运输。

6. 国际多式联运

国际多式联运是在集装箱运输的基础上产生和发展起来的一种综合性的连贯运输方式，一般以集装箱为媒介，把海、陆、空各种传统的单一运输方式有机地结合起来，组成一种国际的连贯运输（见图 4-7）。

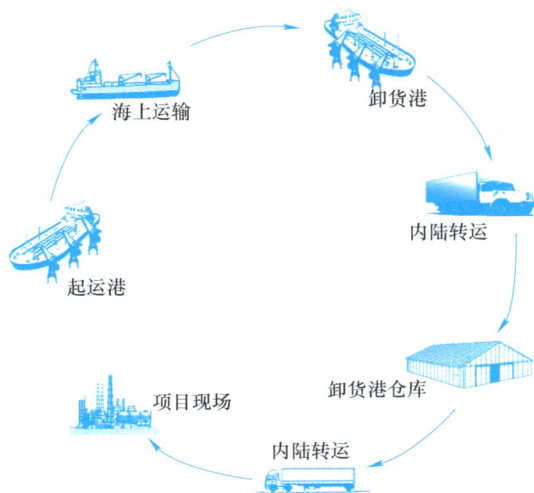

图 4-7　"港到门"多式联运流程图

7. 管道运输

管道运输是借助高压气泵的压力将管道内货物输往目的地的一种运输方式（见图4-8）。管道运输高度专业化，适用于气体和液体货物的单方向运输。管道运输不受地面气候影响，可持续作业，运输的货物不需要包装，运输漏损少、安全性好、能耗低、运费低，同时污染少、噪声低；其缺点是运输对象单一，固定投资大，单向运输导致灵活性小。

图 4-8 石油管道

巩固提高

一、简答题

1. 请介绍国际货运的主要方式。
2. 请简述集装箱运输的特点。

二、任务题

任务背景：参考小知识，了解中欧班列。

任务要求：了解中欧班列相关信息，说明中欧班列对我国及沿途各国的影响。

任务实施：

第一步：了解中欧班列相关知识。

第二步：分析中欧班列对区域发展的影响。

第三步：列表比较不同国际货运方式的优缺点。

第四步：分析国际货运的未来趋势。

单元三 ▶ 掌握贸易术语

单元背景

我国某出口企业以 CIF 纽约与美国某公司订立了 200 套家具的出口合同。合同规定本年 12 月份交货。11 月底，我企业出口商品仓库发生雷击火灾，致

动画微课 19
掌握贸易术语

使一半左右的出口家具烧毁。我企业以发生不可抗力事故为由，要求免除交货责任，但美方不同意，坚持要求我方按时交货。我方经多方努力，于次年 1 月初交货，美方要求赔偿。

试分析：

（1）我方免除交货责任的要求是否合理？为什么？

（2）美方的索赔要求是否合理？为什么？

分析：

（1）本案中，我方出口商品仓库因雷击火灾，致使一半左右的出口家具烧毁，属于不可抗力事故，我方可以发生不可抗力事故为由，向对方提出延期履行合同的要求，但不能提出解除合同的要求。

（2）美方的索赔要求不合理。因为既然发生了不可抗力事故，且已备好的货物一半被烧毁，这必然影响我方的交货时间。另外，不可抗力是一项免责条款，可免除遭受不可抗力事故一方不能如期履约的责任。美方应考虑实际情况并同意延期履行合同。因此，美方的索赔要求是不合理的。

单元目标

📖 知识目标

1. 掌握贸易术语的概念和作用。
2. 理解 11 种贸易术语的含义。

📖 能力目标

1. 能够阐述贸易术语表达的含义，分析术语下的风险划分问题。
2. 能够对比各贸易术语的不同，并能在实际工作中灵活运用。

📖 素养目标

1. 培养学生诚实守信、严谨务实、追求卓越的工作态度。
2. 培养学生团队协作能力和沟通、协调能力。
3. 提升学生服务意识、职业礼仪素养。
4. 培养学生坚守大国立场，遵循国际法律、法规，坚定理想信念。

知识储备

一、走近贸易术语

1. 贸易术语的概念

贸易术语也被称为价格术语，是在长期的国际贸易实践中产生的，用来表示成交价格的构成和交货条件，确定买卖双方风险、责任、费用划分等问题的专门用语。

2019 年 9 月 10 日，国际商会（ICC）公布了新版的《国际贸易术语解释通则》2020 版，并于 2020 年 1 月 1 日起生效。2020 版依然维持 2010 版的分类传统（2 类、4 组、11 个术语），并用 DPU 替代了原来的 DAT，同时对个别术语顺序和内容进行了调整和修改，旨在通过对各个贸易术语项下规则的介绍和解释性说明，使得各个术语内容更加清晰明确，进而鼓励使用者根据其所从事的贸易活动采用最合适的贸易术语。

📁 **小知识**

《国际贸易术语解释通则》

《国际贸易术语解释通则》由国际商会制定，是国际贸易的基础性国际通行规则。为适应国际贸易实践发展的需要，国际商会先后于 1953 年、1967 年、1976 年、1980 年、1990 年、2010 年、2019 年进行过多次修订和补充。

2. 贸易术语的作用

在国际贸易中采用贸易术语是为了确定交货条件，即说明买卖双方在交接货物方面彼此承担的责任、费用和风险划分。同时，贸易术语也可用来表示成交商品的价格构成因素，特别是货价中所包含的从属费用。贸易术语具有两重性，即一方面表示交货条件，另一方面表示成交价格的构成要素。其作用主要有以下几个方面：

（1）有利于买卖双方洽商交易和订立合同。

（2）有利于买卖双方核算价格和成本。

（3）有利于买卖双方解决履约当中的争议。

📁 **小知识**

国际贸易惯例

国际贸易惯例是在长期的国际贸易实践中逐渐形成的，并为各国商人所承认和遵守的成文或不成文的原则、规则、先例和习惯做法。国际贸易惯例有以下特点：

- 它不是法律，对贸易双方不具有法律的约束力。
- 买卖双方有权在合同中做出与某项惯例不符的规定。
- 合同中规定采用某惯例，则必须按惯例履约。

二、贸易术语的内容

1. 11 种贸易术语简介

《国际贸易术语解释通则》2020 版中将贸易术语划分为适用于各种运输方式的 CIP、CPT、DAP、DPU、DDP、EXW、FCA 和只适用于海运和内河运输的 CFR、CIF、FAS、FOB 等 11 种，并将术语的适用范围扩大到国内贸易中；同时赋予电子单据与书面单据同样的效力，增加对出口国安检的义务分配，要求双方明确交货位置，将承运人定义为缔约承运人，这些都在很大程度上反映了国际货物贸易的实践要求，并进一步与《联合国国际货物销售合同公约》及《鹿特丹规则》衔接（见图 4-9）。

组别	合同术语性质	国际代码	中英文全称		交货地点	交货性质	风险转移界限	责任与费用						运输方式
								出口清关	装货费	运费	保险费	进口清关	卸货费	
E组启用合同	启运术语	EXW	工厂交货	Ex Works (insert named place of delivery)	商品所在地	实际交货	货交买方处置后	买方	买方	买方	买方	买方	买方	任何
F组主运费未付合同	主运费未付术语	FCA	货交承运人	Free Carrier (insert named place of delivery)	出口国指定地点	象征性交货	承运人处置货物后	卖方	卖方/买方	买方	买方	买方	买方	任何
		FAS	装运港船边交货	Free Alongside Ship (insert named port of shipment)	装运港船边		货交船边后	卖方	买方	买方	买方	买方	买方	水上
		FOB	装运港船上交货	Free on Board (insert named port of shipment)	装运港船上		货物装上船	卖方	卖方	买方	买方	买方	买方	水上
C组主运费已付合同	主运费已付术语	CFR	成本加运费	Cost and Freight (insert named port of destination)	装运港船上		货物装上船	卖方	卖方	卖方	买方	买方	买方	水上
		CIF	成本、保险费加运费	Cost Insurance and Freight (insert named port of destination)	装运港船上		货物装上船	卖方	卖方	卖方	卖方	买方	买方	水上
		CPT	运费付至	Carriage Paid To (insert named place of destination)	出口国指定地点		承运人处置货物后	卖方	卖方	卖方	买方	买方	买方	任何
		CIP	运费、保险费付至	Carriage and Insurance Paid To (insert named place of destination)	出口国指定地点		承运人处置货物后	卖方	卖方	卖方	卖方	买方	买方	任何
D组到达合同	到达术语	DAP	目的地交货	Delivered at Place (insert named place of destination)	进口国指定地点	实际交货	运输工具上货交买方处置后	卖方	卖方	卖方	卖方	买方	买方	任何
		DPU	卸货地交货	Delivered at Place Unloaded (insert named place of destination)	进口国指定地点		卸货并交买方处置后	卖方	卖方	卖方	卖方	买方	卖方	任何
		DDP	完税后交货	Delivered Duty Paid (insert named place of destination)	进口国指定地点		运输工具上货交买方处置后	卖方	卖方	卖方	卖方	卖方	买方	任何

图 4-9　11 种贸易术语的比较

2. 6 种主要的贸易术语

6 种主要贸易术语即 FOB、CFR、CIF 和 FCA、CPT、CIP。

（1）FOB（装运港船上交货）。

此术语是指卖方在约定的装运港将货物交到买方指定的船上即完成交货，并承担货物越过装运港船舷之前的一切费用和风险，货物越过船舷之后的风险和费用则由买方承担。此术语只适用于水运（海运和内河运输）。

（2）CFR（成本加运费）。

此术语是指卖方在约定的装运港将货物交到船上，并支付货物运至约定目的港所需的成本加运费。货物风险的划分以装运港船舷为界，货过船舷之后的灭失或损坏风险以及货物装船后中途发生事件而产生的任何额外费用，概由买方承担。

（3）CIF（成本、保险费加运费）。

此术语是指卖方在约定的装运港将货物交到船上，支付货物运至约定目的港的成本加运费，并负责办理货物从装运港到目的港的货运保险，支付保险费。货运风险的划分以装运港船舷为界，货物越过船舷之后的灭失或损坏风险以及货物装船后中途发生事件而产生的任何额外费用，概由买方承担。按此术语成交，卖方的义务比 CFR 术语多了一项——货运保险，因此，CIF 的基本含义是在 CFR 的基础上增加了装运港至目的港的保险费。此术语只适用于水运（海运和内河运输）。

（4）FCA（货交承运人）。

此术语是指在指定地点，卖方将货物交给买方指定的承运人照管，并办理出口结关手续，就算履行了其交货义务。卖方承担货物交给承运人之前的一切风险。此术语适用于各种运输方式，其中包括多式联运。在 FCA 条件下，如果买方未指定确切地点，则卖方可在规定的地区或范围内选择交货地点，将货物交由承运人照管。应当指出，这里指的承运人，既包括实际履行运输合同的承运人，也包括前段运输合同的运输代理人。按此术语成交，即使运输代理人拒绝接受承运人的责任，卖方也必须按买方指示，把货物交给运输代理人。如果买方指示某个非承运人的货运代理人，当货物置于该人照管下，就可以认为卖方履行了其交货义务。

> 📁 **小知识**
>
> ### FCA 和 FOB 的异同
>
> FCA 和 FOB 有许多相似之处，它们同属 F 组术语，均在装运地交货；按这两种术语签订的合同，都属于装运合同；卖方承担的风险都在交货地点随交货义务的完成而转移，货运途中的风险均由买方负担。
>
> 这两种术语的主要区别在于适用的运输方式不同、交货地点不同、风险的界限不同，以及卖方承担的费用及提交的单据不同。FOB 仅适用于水上运输方式，在装运港交货，以船舷为界限；而 FCA 则适用于包括多式联运在内的任何运输方式，交货地点因运输方式不同由买卖双方约定，风险划分以承运人为界等。

（5）CPT（运费付至）。

按此术语成交，卖方应将货物交付买方指定的承运人，支付把货物运至目的地的运费，办理出关手续，承担货交承运人之前的风险。买方负担货物交付承运人之后所产生的任何额外费用和风险。此术语适用于包括多式联运在内的任何运输方式。

（6）CIP（运费、保险费付至）。

此术语是指卖方应将货物交给买方指定的承运人，支付将货物运至指定目的地的运费，为买方办理货物在运输途中的货运保险，买方则承担交货后的一切风险和其他费用。因此，卖方除负有与 CPT 术语相同的义务，即应订立运输合同和支付通常运费外，还应负责订立保险合同并支付保险费。CIP 术语的适用范围同 CPT 术语一样，适用于各种运输方式，包括多式联运。

小知识

CIP 和 CIF 的异同

CIP 与 CIF 这两种术语有许多相似之处，它们都属于 C 组术语，均在装运地交货；按这两种术语签订的合同，都属于装运合同；它们的货价构成因素都包括了通常运费和约定的保险费；卖方承担的风险都是在交货地点随交货义务的完成而转移，货运途中的风险均由买方负担。

这两种术语的主要区别在于适用的运输方式不同、交货地点不同、风险的界限不同，以及卖方承担的费用及提交单据不同。CIF 仅适用于水上运输方式，在装运港交货，以船舷为风险界限，卖方支付海运运费和相关保险费；而 CIP 则适用于任何运输方式，风险划分以承运人为界，而交货地点、运费、保险险别、所交单据等因运输方式不同而由买卖双方约定。

案例分享

1. 我国某进出口公司对日本某客户发盘，供应棉织淋巾 4 000 打，每打 CIF 大阪 80 美元，装运港大连。现日商要求我方改报 FOB 大连价，我出口公司对价格应如何理解？如果最后按 FOB 条件签订合同，买卖双方在所承担的责任、费用和风险方面有什么不同？

2. 我方与荷兰某客商以 CIF 条件成交一笔交易，合同规定以信用证为付款方式。卖方收到买方开来的信用证后，及时办理装运手续，并制作好一整套结汇单据。在卖方准备到银行办理议付手续时，收到买方来电，得知载货船只在航海运输途中遭遇意外事故，大部分货物损坏的消息，据此，买方表示将等到具体货损情况确定以后，才同意银行向卖方支付货款。

本案中的卖方可否及时收回货款？为什么？买方应如何处理此事？

巩固提高

一、简答题

1. 请简述 11 种贸易术语的具体内容。
2. 列表比较 FOB、CFR、CIF 术语和 FCA、CPT、CIP 术语的异同。

二、任务题

任务背景： 阅读案例分享中的两个案例。

任务要求： 结合贸易术语相关知识，解答案例中的问题。

任务实施：

第一步：以思维导图的形式，总结 11 种贸易术语的具体内容。

第二步：分析案例，运用本单元所学知识，解答案例中的问题，可以分小组进行讨论。

第三步：通过对案例的学习，思考一下，如果以后你从事国际贸易相关工作，应在工作中注意哪些问题。

单元四 ▶ 了解国际货运代理业务流程

单元背景

一批空运货物，其中有一包是易碎品。托运人在托运单上正确地描述了包裹中货物的性质，但负责代为办理托运的空运代理在填写的航空货运单中，由于疏忽未写明该包裹中易碎货物的性质。在目的地，卸货操作人员不知晓该包裹中货物的性质，至交货时发现该批货物已严重受损，收货人打算向责任方提出索赔。

动画微课 20　了解国际货运代理业务流程

试回答如下问题：

1. 承运人对此是否应承担责任？为什么？
2. 收货人是否可以向空运代理提出索赔？为什么？
3. 空运代理对此是否应承担责任？为什么？
4. 空运代理是否有权享受国际航空货运公约所规定的条件和责任限额？为什么？
5. 本案应如何正确处理？其法律依据是什么？

单元目标

📖 知识目标

1. 掌握国际货运代理的概念和作用。
2. 掌握国际货运代理的业务范围。

📖 能力目标

1. 能够描述国际货运代理的业务流程。
2. 能够讲解货代业务。

📖 素养目标

1. 培养学生的安全意识、责任意识、创新意识和服务意识。
2. 培养学生勇于担当、开拓进取的精神。
3. 培养学生坚守大国立场，遵循国际法律、法规，坚定理想信念。
4. 提升学生的抗压能力。

知识储备

一、走近国际货运代理

1. 国际货运代理的概念

国际货运代理是指国际货运代理组织接受进出口货物收货人、发货人的委托，以委托人或自己的名义，为委托人办理国际货物运输及相关业务，并收取劳务报酬。

2. 国际货运代理的业务范围

从国际货运代理人的基本性质看，货代主要是接受委托方的委托，负责有关货物的运输、转运、仓储、装卸等事宜。一方面与货物托运人订立运输合同，同时又与运输部门签订合同。相当多的货运代理人也拥有各种运输工具和储存货物的库场，在经营其业务时也会办理包括海陆空在内的货物运输，担任承运人的角色。

国际货运代理的业务范围包括：

（1）为收发货人服务。

国际货运代理代替收发货人负责办理不同货物运输中的各项手续：①以最快最省的运输方式，安排合适的货物包装，选择货物的运输路线；②负责仓储与分拨作业的执行；③选择可靠、效率高的承运人，并负责缔结运输合同；④安排货物的计重和计量；⑤办理货物保险；⑥货物的拼装；⑦装运前或在目的地分拨货物之前把货物存仓；⑧安排货物到港口的运输，办理海关和有关单证的手续，并把货物交给承运人；⑨代表托运人承付运费、关税税收；⑩办理有关货物运输的任何外汇交易；⑪从承运人处取得各种签署的提单，并交给发货人；⑫监督货物运输进程，并告知托运人货物去向；⑬随时查询货物信息，汇报给收货人；⑭联系船公司或航空公司提货；⑮办理进口报关报检及提货手续。

（2）为海关服务。

当国际货运代理作为海关代理办理有关进出口商品的海关手续时，它不仅代表客户，而且代表海关当局。事实上，在许多国家，国际货运代理都得到了海关当局的许可，办理海关手续，并对海关负责。负责审核单证中申报货物确切的金额、数量、品名，以使政府在这些方面不受损失。

（3）为承运人服务。

国际货运代理向承运人及时订舱，议定对发货人、承运人都公平合理的费用，安排适当时间交货，以及以发货人的名义解决和承运人之间的运费账目等问题。

📁 小知识

无船承运人

无船承运人是集装箱运输中，经营集装箱货运的揽货、装箱、拆箱以及内陆运输，经营中转站或内陆站业务，但并不经营船舶的承运人。这类承运人应在政府海运部门登记，并在海运部门和航运公会的监督下进行业务活动。但他们与船舶公司的关系属于货方与船方的关系。实际上，无船承运人属于中间承运商，具有双重身份。对真正的货主而言，他们是承运人；但对船方而言，他们又是托运人。

二、国际货运代理的业务流程

1. 接受货主询价

（1）海运询价：①需掌握发货港至各大洲的主要航线，以及货主常需服务的港口及价格；②主要船公司的船期信息；③需要时应向询价货主问明一些类别信息，如货名、危险级别等。

（2）陆运询价：①需掌握到各大主要城市的公里数和拖箱价格；②各港区装箱价格；③报关费、商检、动植检收费标准。

（3）不能及时提供的信息，需请货主留下联系方式，以便在尽可能短的时间内回复货主。

2. 接单（接受货主委托）

接受货主委托后（一般为传真件）需明确以下重点信息：①船期、件数；②箱型、箱量；③毛重；④体积；⑤各箱型最大体积（长×宽×高）及可装体积、可装重量；⑥付费条款、货主联系方法；⑦做箱情况（门到门还是内装）。

3. 订舱

（1）缮制委托书（十联单），制单时应最大程度保证原始托单的数据正确、相符性，以减少后续过程的频繁更改。

（2）加盖公司订舱章订舱，需提供订舱附件的（如船公司价格确认件），应一并备齐方能去订舱。

（3）取得配舱回单，摘取船名、航次、提单号等信息。

4. 做箱

（1）门到门：填妥装箱计划中的做箱时间、船名、航次、关单号、中转港、目的港、毛重、件数、体积、门点、联系人、电话等信息，先于截关日（船期前两天）1～2天排好车班。

（2）内装：填妥装箱计划中船期、船名、航次、关单号、中转港、目的港、毛重、件数、体积、进舱编号等信息，先于截关日（船期前两天）1～2天排好车班。

（3）取得两种做箱方法所得的装箱单（CLP）。

5. 报关

（1）了解常出口货物报关所需资料。

（2）填妥船名航次、提单号、对应装箱单、发票、所显示的毛重净重、件数、包装种类、金额、体积、审核报关单的正确性（单证一致）。

（3）显示报关单所在货物的"中文品名"，对照海关编码大全，查阅商品编码，审核两者是否相符；按编码确定计量单位，并根据海关所列之监管条件点阅所缺乏报关要件。

（4）备妥报关委托书、报关单、手册、发票、装箱单、核销单、配舱回单（十联单中第五联以后）、更改单（需要的话）和其他所需资料，于截关前一天通关。

（5）跟踪场站收据，确保配载上船。

（6）凡是退关改配的，若其中有下个航次，出运仍然需要诸如许可证、配额、商检、动植检之类的文件资料，退关、改配通知应先于该配置船期一个星期到达，以便（报运部）顺利抽回资料，重新利用。否则只会顺延船期，造成麻烦。

6. 提单确认和修改

（1）问明客户"提单"的发放形式。

（2）依据原始资料，传真于货主确认，并根据回传确定提单的正确内容。

7. 签单

查看每张正本提单的证章是否已签全、是否需要手签。

8. **航次费用结算**

（1）海运费：结算海运运费。

（2）陆运费：结算陆运运费，包括订舱、报关、做箱及其他费用。

9. **提单、发票发放**

货主自来取件的，需货主签收；通过快递送达的，应在"名址单"上注明提单号、发票号等信息，以备日后查证。

案例分享

某出口商委托一多式联运经营人作为货运代理，将一批半成品的服装经孟买转运至印度的新德里。货物由多式联运经营人在其货运站装入2个集装箱，且签发了清洁提单，表明货物是处于良好状态下被接收的。集装箱经海路从香港运至孟买，再由铁路运至新德里。在孟买卸船时发现其中1个集装箱外表损坏，多式联运经营人在该地的代理将此情况于铁路运输前通知了铁路承运人。当集装箱在新德里开启后发现，外表损坏的集装箱所装货物严重受损；另一集装箱虽然外表完好、铅封也无损，但内装货物已受损。该出口商要求多式联运经营人赔偿其损失。

问题：

（1）案例中这两个集装箱货物的损坏性质是怎样的（即是否为隐藏损害）？货运代理的法律地位是代理人还是当事人？

（2）货运代理是否有义务对两个集装箱货物受损予以赔偿？

（3）如果予以赔偿的话，按何种标准赔偿？

（4）货运代理赔付后，是否有权追偿？并应向谁追偿？

巩固提高

一、简答题

1. 总结国际货运代理的业务范围。

2. 简述国际货运代理的业务流程。

二、任务题

任务背景： 阅读案例分享中的案例。

任务要求： 结合国际货运代理相关知识，解答案例中的问题。

任务实施：

第一步：以思维导图的形式，总结梳理国际货运代理的业务范围。

第二步：分析案例，运用本单元所学知识，解答案例中的问题，可以分小组进行讨论。

第三步：通过案例，分析国际货运代理的作用。

模块五

认识现代物流设备设施及技术应用

模块简介

　　物流设施与设备是组织实施物流活动的重要手段，是物流活动的基础。近年来，伴随着用户需求的变化以及自动控制技术和信息技术在物流设施与设备上的应用，我国在大力吸收国外先进技术发展国有机械制造业的基础上，建立了比较完善的物流设施与设备制造体系，物流设施与设备技术水平有了较大提高。现代物流设施与设备向大型化、高速化、信息化、多样化、标准化、系统化、智能化和绿色化方向发展。

　　当前产业技术变革脚步加快，将大大提升企业乃至整个社会的运行效率。AI人工智能、大数据、5G、区块链等技术将给很多行业带来翻天覆地的变革，将大幅度提升经济的运行效率。专家指出，随着大数据、人工智能的深入发展，数据的价值被更多的人重视起来。智慧物流时代物流行业将在大形势下走向信息化，计算机通信网络技术、识别技术、数据传输跟踪技术、数据库技术、自动化技术、云计算技术等会广泛应用。

职业素养

　　通过对本模块的学习，让学生了解现代物流的设备设施及相关技术应用，提升学生对现代化设备实施及技术的认知度，培养学生爱岗敬业、求实创新、勇于挑战的职业精神，提高学生对先进技术的求知欲，树立学生敢于创新、追求卓越的职业意识。

知识框图

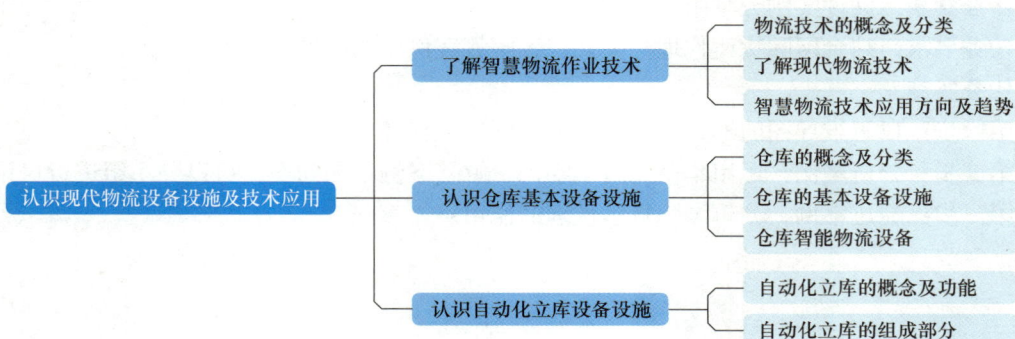

单元一 了解智慧物流作业技术

单元背景

动画微课 21　了解现代物流作业技术

特殊"逆行者"上路！京东物流配送机器人驰援武汉

2020年2月6日，在武汉市青山区吉林街上，一台神秘装置从京东物流仁和站出发，沿着街道一路前行，灵巧地躲避着车辆和行人，顺利将医疗物资送到了武汉第九医院。原来，这是京东物流自主研发的智能配送机器人在为武汉第九医院送货。据京东介绍，京东物流在武汉已基本完成机器人配送的地图采集和机器人测试工作，正在从各地抽调配送机器人驰援武汉（见图5-1）！

图 5-1　智能配送机器人

武汉第九医院是武汉市收治新型冠状病毒感染肺炎的定点医院，京东物流武汉仁和站距离武汉第九医院只有600米。疫情发生后，这个站点几乎支撑起了第九医院医疗物资的绝大部分配送工作。

面对疫情，京东物流一直在寻求通过科技手段更有效地支援疫区。据京东物流X事业部相关负责人介绍，不仅仅是京东物流自主研发的配送机器人将支援武汉，京东物流还能将L4自动驾驶技术与套件对外开放，为生态中其他机器人厂商提供技术支持和升级，让生态中更多其他厂商的配送机器人也可以实现无人跟随下的L4级别自动驾驶。

随着智能配送机器人的规模扩大，后期这些特殊的"逆行者"将为更多武汉的医院提供必要物资的配送。武汉第九医院的医护人员表示："既能送上我们紧缺的物资，又能最大限度减少接触感染，京东物流科技真是帮了大忙！"

单元目标

📖　**知识目标**

1. 掌握物流技术的概念及分类。

2. 掌握智慧物流的相关技术。

📖 **能力目标**

1. 能够应用物流技术。
2. 能够说出智慧物流技术的特点和使用方法。

📖 **素养目标**

1. 培养学生安全操作、按标准规范作业的职业意识。
2. 培养学生爱岗敬业、诚实守信、开拓进取、热爱祖国的优秀品质。
3. 培养学生自我学习意识、自觉探究能力，提升学生勇往直前、敢于探索的自信心。
4. 培养学生热爱科技、尊重科技、珍惜科技的价值观。

知识储备

一、走近物流技术

1. 物流技术的概念

物流技术是指物流活动中所采用的自然科学与社会科学方面的理论、方法，以及设施、设备、装置与工艺的总称。

物流技术是与现实活动全过程紧密相关的，从这个角度来说，物流技术是一种应用技术；同时，物流技术必须与多样化的需求相适应，需要制定规划以促进技术的发展，因此，物流技术也有开发技术的性质。再者，物流技术不是其他技术的简单相加或直接应用，而是综合的结果。例如，机械电子技术、动力技术在运输、装卸、储存作业中综合利用，便产生了交通运输技术、自动装卸技术等，所产生的这些物流技术具有新的性质和内容。所以说，物流技术具有各领域技术应用的广泛性、集成性、综合性和交叉性。

2. 物流技术的分类

物流技术从不同角度来进行划分，通常可分为以下几类：

（1）按范围进行划分。

从物流技术所涉及的范围来看，可以分为狭义的物流技术和广义的物流技术。狭义的物流技术主要指在物流活动中涉及的技术，如物品的包装、标识、实时跟踪技术和有关物流信息活动等的技术；广义的物流技术不仅包括物流活动过程中的有关物流技术，而且包括其他相关的物流技术和物流技术的发展规律，如物流规划技术、物流效率分析和评价技术等。

（2）按内容进行划分。

从物流技术包含的内容来看，可以分为实物作业技术和物流信息技术。实物作业技术主要包括包装技术、运输技术、储存保管技术、装卸搬运技术等；物流信息技术主要包括地理信息系统（GIS）、全球卫星定位系统（GPS）、电子数据交换技术（EDI）、条码技术等。

（3）按领域进行划分。

物流技术按领域的不同可以分为物流硬技术和物流软技术。物流硬技术是指组织实现物流过程所需要的各种材料、物流机械和设施等，包括各种包装材料、运输工具、仓储设施以及服务于物流的电子计算机、通信设施等；物流软技术是指为实现高效率的物流所需要的计划、分析、评价等方面的技术和管理方法等，如物流设施的合理使用和调配、运输路径的选择等技术。

（4）按实物运作过程进行划分。

物流技术按实物运作过程的不同可分为包装技术、运输技术、储存保管技术、装卸搬运技术、流通加工技术和配送技术等。

📁 **小知识**

物流管理技术

物流管理技术主要包括企业资源计划（ERP）、物料需求计划（MRP）、配送需求计划（DRP）、物流资源计划（LRP）、订货点技术、准时制（JIT）等。

二、现代物流技术

现代物流技术伴随着信息技术创新和机械技术进步，孕育出了如配载技术、配载线路优化技术、过程控制技术等省时、省力、省钱的物流业新技术、新理念。

现代物流技术指通过动态的管理方法，利用现代化的机械设备和信息系统，完成物流作业的全部技术。现代物流技术主要包括以下几种：配载技术、配载线路优化技术、包装技术、循环取货运作技术、过程控制技术、条码技术、射频识别技术、物流自动化技术、POS 系统与物流 EDI 技术、GIS 与 GPS 系统。

1. 配载技术

配载技术是在完成一个或者多个运作目标的前提下，将时间、成本、资源、效率、环境集中整合优化，是实现现代物流管理低成本、高效率的关键技术，是实现物流运营计划与实际运营之间有效结合的关键。

多数情况下，配载技术是指零担物流领域货源充足情况下的装车配载技术，不涉及路由。简而言之，配载是通过合理搭配使得车辆载重和载积都逼近货车规定的上限，使得运输收益最大化。该技术主要适用于零担物流干线运输。

实际上，目前很多零担物流公司装车配载基本都是现场配，没有科学的配载方案，依赖配送人员的装车经验进行配载；一些网络型零担物流公司分拨中心采用"快进快出"的模式，为保证运输时效也基本不配载；有一些物流公司也会进行预配载，部分专线设有配载员岗位，负责某条线路的配载计算，打印预配载清单，操作人员参照预配载清单装车。总体来看，目前零担物流行业还处于粗放式管理阶段，配载更多的是依靠经验，缺少科学、合理的配载管理体系。

通过配载技术的应用，可以建立货源结构分析体系、班车及时率标准、货物信息准确率、装车时效分析等，配载是物流公司运营效率的晴雨表。

2. 配载线路优化技术

配载线路优化包括集货线路优化、货物配装及送货线路优化等，是配送系统优化的关键。在物流业务中，优化配载线路对于企业提高服务质量、降低成本、增加经济效益有着非常重要的影响。进行配载线路优化时应遵循效益高、路程短、成本低、准时性高、劳动消耗低的原则，同时应考虑线路允许通行的时间限制、运输工具的载重限制、配送中心的能力限制以及自然因素的限制等因素。配载线路的优化方法主要有经验判断法和节约里程法。

3. 包装技术

包装技术包括包装工艺、包装材料、包装设计、包装测试等，在物流中包装技术的运用与包装工艺、包装材料、包装设计有着密切的相关性。

包装技术使用：为在流通过程中保护产品，方便储运，促进销售，按一定技术方法而采用的容器、材料及辅助物的总体名称。也指为了达到上述目的而采用容器、材料和辅助物的过程中施加一定技术方法等的操作活动。是生产物流的终点，也是社会物流的起点。

4. 循环取货运作技术

循环取货是由一家（或几家）运输承包商根据预先设计的取货路线，按次序到各个供应商处取货，然后直接输送到工厂或零件再分配中心的过程（见图 5-2）。循环取货是一种运行效率较高的物流系统，属于闭环拉动式取货。

循环取货是一种多频次、小批量、及时拉动式的取货模式，它把原先的供应商送货（推动式）模式转变为工厂委托的物流运输者取货（拉动式）模式。

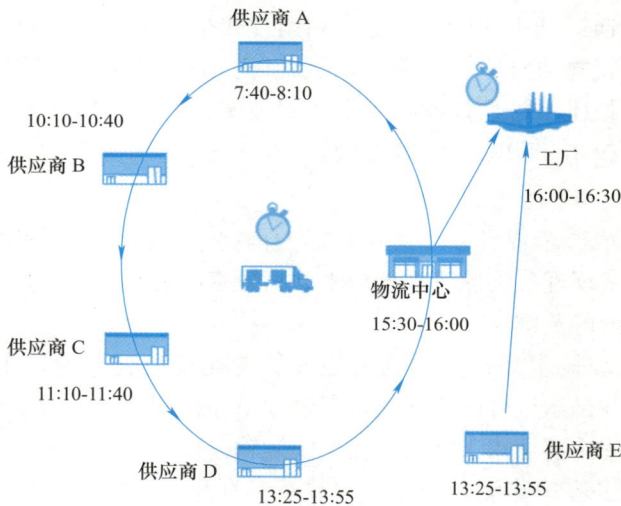

图 5-2　循环取货

5. 过程控制技术

物流过程控制技术主要包括：

（1）库存控制。

库存控制的目的是在保证及时交货的前提下，如何达到合理的库存周转率，并把呆滞、死货库存量降到最低。广义地讲，库存控制是为了达到公司的财务运营目标，特别是现金流运作，通过优化整个需求与供应链管理流程（DSCM），合理设置 ERP 控制策略，并辅之以相应的信息处理手段、工具，从而实现在保证及时交货的前提下，尽可能降低库存水平，减少库存积压、报废与贬值的风险。

（2）预测技术。

预测是对生产、装运或销售等方面有可能产生的流量或单位数的一种预示或估计。预测可以增进物流信息系统的计划性和协调性，预测可以具体到某种单位或某种货币，也可以具体到个别产品、顾客，或是若干产品和顾客的集合。物流预测通常是每周或每月对从配送中心装运的某一产品进行的一种预计，有时也可能要对几个时期的资料进行汇总，并做出分析。

（3）物流需求预测。

对物流需求进行预测对物流中心高效率、低成本的运营管理具有重要的现实意义。物流需求一般包括货运需求、仓储需求、配送需求等。

（4）CPFR。

CPFR 是指协同规划、预测和补给，是一种协同式的供应链库存管理技术，它能降低销售商的存货量，增加供应商的销售量。其优势体现在能及时准确地预测由各项促销措施或异常变化带来的销售高峰和波动，从而使销售商和供应商都能做好充分的准备，赢得主动。

6. 条码技术

条码是一组按一定编码规则排列的条、空符号，用以表示一定的字符、数字及符号组成的信息。条码系统是由条码符号设计、制作及扫描阅读组成的自动识别系统。常见的条码种类见表 5-1。

表 5-1　常见的条码种类

条码种类	条码名称	示　例	描　述
一维条码	UPC 码		只能表示数字，是最早大规模应用的条码，目前主要在美国和加拿大使用
	EAN 码		所表达的信息全部为数字，主要用于商品标识
	Code 128 码		可根据需要自定义条码长度和信息，可用于表示产品系列号或图书编号
	UCC/EAN-128		目前可用的较完整的字母数字型一维条码，可用于标识生产日期、批号等
二维条码	PDF417		可以容纳 1 848 个字母字符或 2 729 个数字字符，约 1 000 个汉字信息，比普通条码信息容量高几十倍

7. 射频识别技术

射频识别技术（Radio Frequency Identification，RFID）是自动识别技术的一种，通过无线射频方式进行非接触双向数据通信，利用无线射频方式对记录媒体（电子标签或射频卡）进行读写，从而达到识别目标和数据交换的目的，被认为是 21 世纪最具发展潜力的信息技术之一。目前，许多行业都运用了射频识别技术。例如，将标签附着在一辆生产中的汽车上，工厂便可以追踪此车在生产线上的进度（见图5-3）。通过这一技术可以实现入库、盘仓、数据报表等物流操作远程化、可视化，也可以实现快速出库、分拣找货；同时，在收货环节可以达到减员增效的目的，可以为物流企业节约成本。

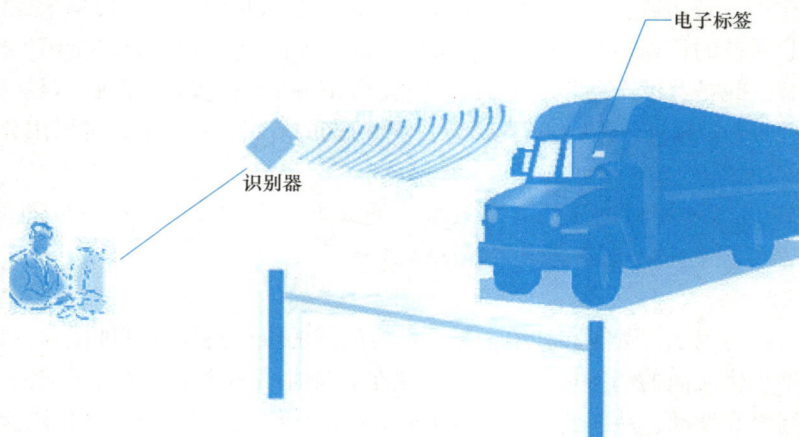

图 5-3　射频识别技术

8. 物流自动化技术

物流作业自动化是提高物流效率的一个重要途径和手段，物流作业自动化的实现，并不仅仅是各种物流机械装备的应用，而是与大量信息技术的应用联系在一起的。

很多物流企业和工商企业都拥有一些自动化物流设备，如自动分拣系统、自动堆垛机、自动巷道起重机等，但是这些自动化设备并没有充分发挥出其应有的效率。

物流自动化系统不是一套孤立的管理系统，作为现场执行的管理系统需要与仓储管理系统（WMS）、运输管理系统（TMS）、生产执行系统（MES）、供应链管理系统（SCM）、企业资源管理系统（ERP）、公共信息平台等各种系统进行集成，通过科学的管理流程衔接，实现整体物流管理的高效与协同。

9. POS 系统与物流 EDI 技术

POS 系统即销售时点信息系统（见图5-4），就是销售的动态数据要及时传送到生产、采购、供应环节。POS 机通过收银机自动读取数据，实现整个供应链即时数据的共享，使收银台的作业效率大大提高，顾客的满意度也就提高了。

EDI 技术，即电子数据交换技术，是一种利用计算机进行商务处理的方式。在基于互联网的电子商务普及应用之前，曾是一种主要的电子商务模式。EDI 技术是将贸易、运输、保险、银行和海关等行业

图 5-4　餐饮 POS 系统

的信息，用一种国际公认的标准格式，形成结构化的事务处理的报文数据格式，通过计算机

通信网络，使各有关部门、公司与企业之间进行数据交换与处理，并完成以贸易为中心的全部业务过程，包括买卖双方数据交换、企业内部数据交换等。

10. GIS 与 GPS 系统

地理信息系统（GIS）是以地理空间数据库为基础，在计算机软硬件的支持下，运用系统工程和信息科学的理论，科学管理和综合分析具有空间内涵的地理数据，以提供管理、决策等所需信息的技术系统。简单地说，地理信息系统就是综合处理和分析地理空间数据的一种技术系统。

全球定位系统（GPS）包括三大部分：空间部分——GPS 卫星星座；地面控制部分——地面监控系统；用户设备部分——GPS 信号接收机。通过 GPS 系统，可以在物流运输中采集车辆、驾驶员、货物等的信息，管理人员通过平台即可随时查看车辆实时位置、油耗、行驶路径、货物出入库等信息，可以有效帮助企业减少硬件和软件投入成本，实现远程可视化高效管理的同时，保护人员、车辆、货物的安全。

三、智慧物流技术应用方向及趋势

智慧物流是指通过智能硬件、物联网、大数据等智慧化技术与手段，提高物流系统分析决策和智能执行的能力，提升整个物流系统的智能化、自动化水平。

根据中国物流与采购联合会数据，当前物流企业对智慧物流的需求主要包括物流数据、物流云、物流设备三大领域。预计到 2025 年，智慧物流市场规模将超过万亿。

1. 仓内技术

仓内技术主要包括机器人与自动化分拣技术、可穿戴设备、无人驾驶叉车、自动识别四类技术。当前，机器人与自动化分拣技术已相对成熟，得到广泛应用；可穿戴设备目前大部分处于研发阶段，其中智能眼镜技术进展较快。

（1）机器人与自动化分拣技术。

仓内机器人包括 AGV（自动导引运输车）、自动分拣机械臂、货架穿梭车、分拣机器人等，主要用在搬运、上架、分拣等环节。国外领先企业应用较早，并且已经开始商业化，各企业将在机器人的应用场景深入推进。

（2）可穿戴设备。

可穿戴设备（见图 5-5）在物流领域可能应用的产品包括免持扫描设备、现实增强技术—智能眼镜、外骨骼、喷气式背包等。国内起步较晚，免持设备与智能眼镜小范围由 UPS、DHL 应用外，其他多处于研发阶段。整体来说离大规模应用仍然有较远距离。智能眼镜凭借其实时的物品识别、条码阅读和库内导航等功能，提升仓库工作效率，未来有可能被广泛应用。

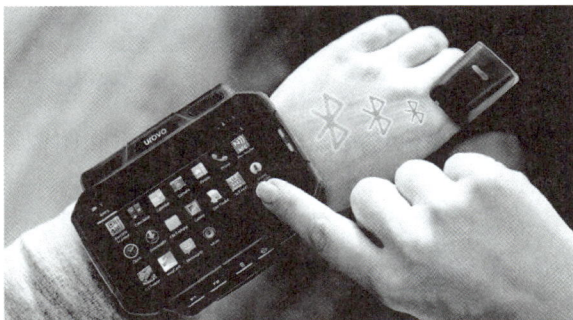

图 5-5　可穿戴设备

（3）无人驾驶叉车。

在制造业和物流业存在严重的劳动力短缺问题，同时带来了很高的人力成本。无人驾驶叉车的出现是非常有意义的，不仅能弥补劳动力不足的问题，而且还可以降低人力成本并提高工作效率。

（4）自动识别技术。

自动识别技术就是利用识别装置对被识别物品进行识别，从而自动获取被识别物品的相关信息；同时可以将所识别到的信息及时传输到对应的计算机处理系统，并实施后续处理。自动识别技术包括生物识别技术、图像识别技术、磁卡识别技术、条码识别技术、射频识别技术等。

现阶段，自动化分拣系统中主要应用的自动识别技术有条码识别技术（见图 5-6）和 RFID 射频识别技术（见图 5-7）。随着我国现代物流信息化的建设与完善，具备人工智能概念的图像识别技术（见图 5-8）也逐步得到广泛应用。

图 5-6　条码识别技术

图 5-7　RFID 射频识别技术

图 5-8　图像识别技术

条码识别技术、RFID 射频识别技术和图像识别技术，既可单独使用也可组合使用。在自动化分拣系统的应用中，一维条码成本低、识别速度快，依然是使用广泛的信息载体；RFID 射频识别技术和图像识别技术通常作为条码识别技术的补充模块出现。

2. 干线技术

干线技术主要指无人驾驶卡车技术。无人驾驶卡车（见图 5-9）将改变干线物流现有格局，目前尚处于研发阶段，但已取得阶段性成果，正在进行商用化前测试。目前多家企业开始了对无人驾驶卡车的探索。无人驾驶卡车技术的核心产品包括传感器、硬件设施和软件系统。虽然公路无人驾驶从技术实现到实际应用仍有一定距离，但从技术上看，发展潜力非常大。未来卡车生产商将直接在生产环节集成无人驾驶技术。目前，无人驾驶卡车主要由整车厂商主导，但也有部分电商、物流企业正尝试布局。

图 5-9　无人驾驶卡车

3. "最后一公里"相关技术

"最后一公里"相关技术主要包括无人机技术与3D打印技术两大类。无人机技术相对成熟，凭借其灵活的特性，预计将成为特定区域未来末端配送的重要方式；而3D打印技术目前尚处于研发阶段。

（1）无人机技术。

无人机技术已经成熟，主要应用在人口密度相对较小的区域，如农村的物流配送。我国企业在该项技术具有领先优势，且政府政策较为开放，制定了相对完善的无人机管理办法，国内无人机即将进入大规模商业应用阶段。未来无人机的载重、航时将会不断突破，感知、规避和防撞能力也会有较大提升，软件系统、数据收集与分析处理能力将不断提高，应用范围将更加广泛（见图5-10）。

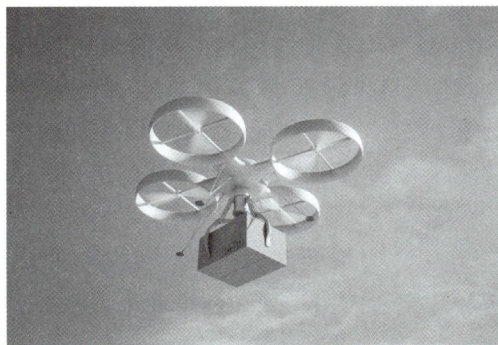

图 5-10　无人机送货

（2）3D打印技术。

3D技术对物流行业将带来颠覆性的变革，但当前技术仍处于研发阶段。未来的产品生产至消费的模式将是"城市内3D打印＋同城配送"，甚至是"社区3D打印＋社区配送"的模式，物流企业需要通过3D打印网络的铺设实现定制化产品在离消费者最近的服务站点生产、组装与末端配送的职能。

4. 末端技术

末端新技术主要是智能快递柜。目前已实现商用（主要覆盖一二线城市），是各方布局重点，但受限于成本与消费者使用习惯等问题，未来发展存在不确定性（见图 5-11）。

图 5-11 智能快递柜

智能快递柜技术较为成熟。已经在一二线城市得到推广，包括顺丰为首的蜂巢、菜鸟投资的速递易等一批快递柜企业已经出现，但当前快递柜仍然面临着使用成本高、便利性及智能化程度不足、使用率低、无法当面验货、盈利模式单一等问题。

5. 智慧数据底盘技术

数据底盘主要包括物联网、大数据及人工智能三大领域。物联网与大数据分析目前已相对成熟，在电商运营中得到了一定应用，人工智能是未来研发的重点。物联网技术与大数据分析技术互为依托，前者为后者提供部分分析数据来源，后者将前者数据进行业务化，而人工智能则是大数据分析的升级。三者都是未来智慧物流发展的重要方向，也是智慧物流能否进一步迭代升级的关键。

6. 物联网技术

物联网的概念已经非常普及，但在物流领域的应用仍然有一定难度。受终端传感器高成本的影响，二维码成为现阶段溯源的主要载体，技术的阶段性突破将不断促进物联网的发展。长期来看，低成本的传感器技术将实现突破，RFID 和其他低成本无线通信技术将是未来的方向。物联网技术预计未来在物流行业会得到广泛的应用。

7. 大数据技术

大数据已经成为众多企业重点发展的新兴技术，多家企业已成立相应的大数据分析部门或团队，进行大数据分析、研究、应用布局。各企业未来将进一步加强对物流及商流数据的收集、分析与业务应用。

8. 人工智能技术

人工智能技术的应用目前主要由电商平台推动，尚处于研发阶段，除图像识别外，其他人工智能技术距离大规模应用仍有一段时间。

人工智能技术主要有以下五个物流应用场景：智能运营规则管理、仓库选址、决策辅助、图像识别、智能调度。

巩固提高

一、简答题

1. 请简述现代物流技术包括的内容。
2. 请简述应用物流技术的意义。
3. 试分析智慧物流背景下物流技术的发展方向。
4. 结合身边的案例分享你看到的物流技术应用的情况。

二、任务题

任务背景： 分析自动识别技术。

任务要求： 结合身边案例分析自动识别技术的应用。

任务实施：

第一步：利用思维导图总结现代物流技术。

第二步：利用思维导图分析智慧物流技术的发展趋势。

第三步：结合身边案例，谈谈自动识别技术的应用。

单元二 ▶ 认识仓库基本设备设施

单元背景

动画微课 22
认识仓库基本设备设施

现代化的仓储设备

1. 消防设备

之所以把消防设备放在第一位，是因为作为仓库的管理者和经营者，消防安全是仓储工作的重中之重。为了保障仓库的消防安全，必须根据存储商品的种类及性质配备相应的消防器材和设备。常见的消防设备有消防栓、消防管道、烟雾报警器、灭火器、防烟面具、防护服等。

2. 装卸搬运设备

装卸搬运设备是指在仓库作业的过程（出入库、移库、装卸货、调库）中使用的，为了满足实际管理需要而实现商品物理移动的工具。装卸搬运设备根据业务环节不同可以简单分为以下几种：

（1）装卸设备。装卸设备主要有叉车、托盘、起重机、堆垛机等。

（2）搬运设备。搬运设备主要有自动导引车（AGV）等。

（3）输送设备。输送设备主要有自动传送带、辊筒线等。

（4）拣选设备。拣选设备主要有自动拣货车、自动物料识别机等。

3. 检验设备

检验设备主要指仓库在入库验收环节、在库质量检查环节和出库交接环节中使用的度量衡称重设备和量具及商品检验的各种仪器等。常见的有磅秤、标尺、卡钳、自动称重设备等。

4. 通风、照明、保暖设备

通风、照明、保暖设备的主要作用在于提供商品存储和仓库作业对物理环境的要求的保障，常见的有除湿机、抽风机、联动开窗机、防爆灯、防护隔热帘等。

5. 养护设备

养护设备一般应用于对仓库产品质量的维护和监控以及设备的维护，常见的有温湿度控制器、自动喷淋装置、除锈机、烘干机等。

6. 存储设备

存储设备主要指作用于商品的存储和保管作业的设备，常见的有各种货架、托盘装置等。

单元目标

📖 知识目标

1. 掌握仓库的分类。
2. 掌握货架的种类。
3. 掌握托盘的种类及国家标准。
4. 掌握仓库常见设备设施。
5. 熟悉仓库智能物流设备。

📖 能力目标

1. 能够分析不同种类货架的特点和适用货物。
2. 能够合理选择托盘。
3. 能够合理使用仓库相关设备设施。

📖 素养目标

1. 树立绿色、环保、安全、节约的职业理念。
2. 培养学生吃苦耐劳、勇担重任的职业精神。
3. 培养学生自觉学习、勇于探究、团结协作的工作态度。
4. 培养学生爱护设备设施、自觉维护工作场所设备设施的意识，提升安全操作、安全驾驶的责任意识。

知识储备

一、走近仓库

1. 仓库的概念

现代物流意义上的仓库是指从事存储、包装、分拣、流通加工和配送等物流作业活动的场所。仓库由贮存物品的库房、运输传送设施（如吊车、电梯、滑梯等）、出入库房的输送管道和设备以及消防设施、管理用房等组成。

现代仓库不是"水库"或"蓄水池"，而是"河流"，仓储管理已从静态管理转变为动态管理。

2. 仓库的分类

仓库按运营形态可分为自用仓库、营业仓库和公共仓库；按所贮存物品的形态可分为固体物品仓库、液体物品仓库、气体物品仓库和粉状物品仓库；按贮存物品的性质可分为原材料仓库、半成品仓库和成品仓库；按建筑形式可分为单层仓库、多层仓库、圆筒形仓库、立体仓库等；按用途可分为批发仓库、采购供应仓库、加工仓库、中转仓库、零售仓库、储备仓库、保税仓库等；按保管形态可分为原料仓库、产品仓库、冷藏仓库、恒温仓库、危险品仓库、水上仓库等；按基本功能可分为储存仓库、流通仓库、配送中心、保税仓库、海关监管仓库等。

二、仓库的基本设备设施

仓库常用的作业设备设施主要有货架、叉车、托盘、堆垛起重机、仓储笼等，辅助设备主要有通风设备、照明设施、取暖设施、提升设施（电梯等）、地磅、避雷设施等。下面主要讲解作业设备设施。

1. 货架

在仓库设备中，货架是指专门用于存放成件货品的保管设备。《中华人民共和国国家标准：物流术语（GB/T 18354—2021）》对货架的定义是：用支架、隔板或托架组成的立体储存货物的设施。

一般而言，货架泛指用来存放货物的结构件，由立柱片、横梁和斜撑等构件组成。货架的结构形式对实现存取货物的机械化、自动化作业有着直接而密切的关系。货架的种类如下：

（1）轻量型货架。

轻量型货架（见图5-12）采用冷轧钢板制成，冲压成型，拆卸方便，可灵活组合，改造性强。此类货架能够根据客户的放置要求进行层数增减以达到最佳效果。其立柱采用角钢材料，层板高度可在50毫米上下调节。

轻量型货架由层板、支撑件、立柱角套和立柱组成，上下固定。

图5-12　轻量型货架

（2）中量 A 型货架。

中量 A 型货架（见图 5-13）组装、拆卸方便，外形美观大方，适用于人工存取货物，承载能力一般在 200 ～ 350 千克 / 层，可以满足大部分客户需求，层板可以在 50 毫米上下调节。

中量 A 型货架无螺栓连接，主要由层板、安全扣、横梁、立柱、角套和挂片组成，上下固定。

（3）中量 B 型货架。

中量 B 型货架也适用于人工存取货物，相对于 A 型货架来说，由于层板改为宽度方向铺设，大大提高了承载力，广泛用于各个行业。成本低，安全可靠，组装拆

图 5-13　中量 A 型货架

卸方便，可单独使用，也可自由排接成各种排列方式，每层承载力大概在 800 千克左右，层板一般在 50 毫米上下调节。

（4）横梁式货架。

横梁式货架是以存取托盘货物为目的仓库货架（见图 5-14），有很好的拣取效率。但这种货架的存取密度低，需要较多的巷道，通常使用 3 ～ 5 层，货架高度一般限制在 10 米以下，适用于一般叉车存取。该种货架可任意调整组合，安全简易，费用经济，承载能力强，出入库不受货物先后顺序限制。

横梁式货架为组装式结构，安装简易、快捷。构件部分使用优质材料，焊接牢固，安装紧密。完善的配件体系，适用于各种特殊要求。

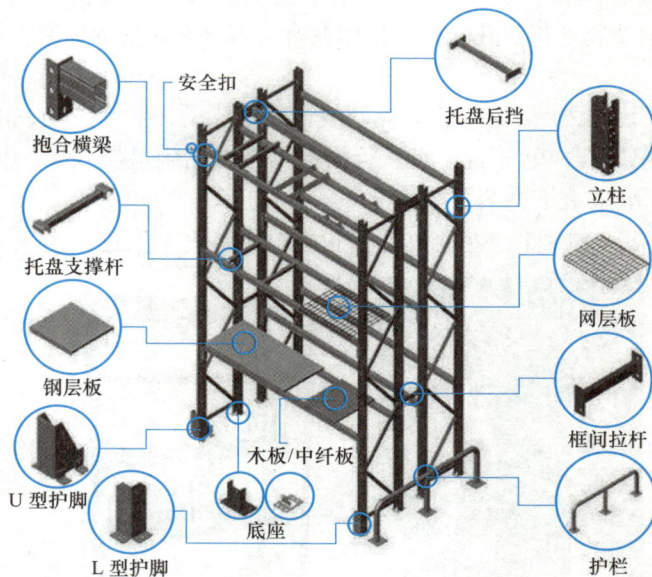

图 5-14　横梁式货架

（5）重型托盘货架。

重型托盘货架（见图5-15）承重力大、不易变形、连接可靠、拆装容易，能满足大批量、多品种货物的存储与集中管理需要，配合机械搬运工具，同样能做到存储与搬运工作有较高的工作效率；存入重型托盘货架中的货物，互不挤压，损耗小，可完整保证货物本身的功能，减少货物在储存环节中可能的损失。

图5-15　重型托盘货架

（6）驶入式货架。

驶入式货架又称贯通式货架或通廊式货架（见图5-16），是一种不以通道分割的、连续性的整体货架。在牛腿搁板上，托盘在深度方向上存取，这使得驶入式货架的存储密度高，货物从货架的同一侧进出，叉车可方便地驶入货架中间存取货物。驶入式货架的投资成本较低，适用于横向尺寸较大、品种少、数量多的情况。

由于驶入式货架存储密度大，对地面空间利用率高，常常用于冷库等存取空间成本较高的地方。存取货物受存放先后顺序的限制，不易做到先进先出，不太适合存放太长太重的货物。

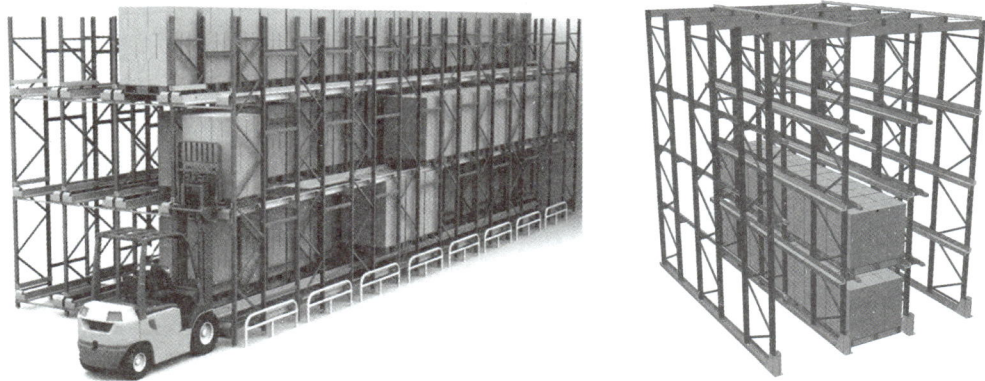

图5-16　驶入式货架

（7）悬臂梁式货架。

悬臂梁式货架是在立柱上装设外悬杆臂（见图5-17），适合存放钢管、型钢或板材等长条形的货物。若要放置圆形物品时，须在悬臂端装挡杆以防止货物滑落。悬臂梁式货架由于结构的特殊性，使得其高度受限制，一般在6米以下。空间利用率低，一般为35%～50%。适用于建材生产工厂、家具制造商或超市。该货架只适用于长条或长卷状货物存放，适用叉距较宽的搬运设备，空间利用率低。

悬臂梁式货架侧面　　　　　　悬臂梁式货架底座细节

图 5-17　悬臂梁式货架

（8）压入式货架。

压入式货架又称后推式货架（见图 5-18），整体结构采用"弹夹"原理，放置在运载小车上的托盘被依次推入货架内部，存取方式跟驶入式货架相同，但叉车不需要驶入货架里面。由于货架深度方向可以设计为多个托盘位置，压入式货架的空间利用率高于普通货架。

压入式货架的安全性及运转效果都高于驶入式货架，广泛用于冷库、图书馆、电子等行业。该货架存储密度高但存取性差，货物先进后出，一般深度为 3 个储存位。与横梁式货架相比，其空间的利用率可提高 1/3，存储密度更高，但无法做到货物先进先出。

压入式货架使用一般叉车存取货物，适用于存取少品种、大批量的货物，不适合承载过重的货物。

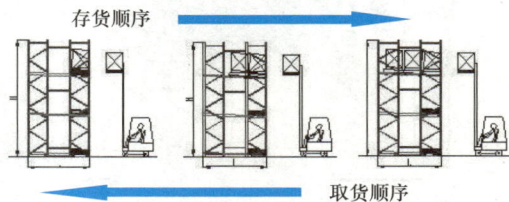

存货顺序

取货顺序

图 5-18　压入式货架

（9）流利式货架。

流利式货架由流利条、滚轮、立柱、横梁和拉杆组成（见图 5-19），这种货架也称滚轮式货架，是通过滚轮把货物从一端送到另一端。货物借自身重力下滑，可实现先进先出作业。

图5-19　流利式货架

流利式货架使用成本低，存取速度快，密度大。货架每层横梁之间设置滚轮式铝合金或钣金流利条，呈一定的坡度放置。货物通常为纸包装或将货物放于塑料周转箱内，利用其自身重力来实现货物的流动和先进先出，存取方便。单元货架每层载重通常在1000千克左右，货架高度在2.5米以内，适用于装配线两侧的工序转换、配送中心的拣选作业等场所。可配以电子标签实现货物的信息化管理，广泛应用于超市、医药、化工和电子等行业。

流利式货架存储效率高，适用于大批量货物的短期存放及拣选，普遍用于物流中心、货运公司、出版社及自动化程度较高的工厂。

（10）重力式货架。

重力式货架（见图5-20）的利用率极高，一边巷道存放货物，另一边巷道存取货物，真正实现了货物的先进先出，安全性及运转效果都与横梁式货架相同，储存的密度大，但成本较高，适合少品种、大批量货物的高频率存取。

图5-20　重力式货架

该货架适用于大量存放且要短时间出货的货物，适合ABC分类中的B级商品，空间使用率可达85%。该货架建造费用高、施工较慢，高度受到限制，一般在6米以下，每一流道一般只存放一种货物。

（11）抽屉式货架。

抽屉式货架也称模具式货架（见图5-21），由立柱、抽屉层、拉杆、自锁装置、轴承和滑道组成。这种货架适用于存放各种模具，顶部可以配置手拉葫芦及水平移动小车方便模具的吊起，抽屉层可以移除 2/3。

图 5-21　抽屉式货架

该货架由多种组合部件组装而成，结构简单，便于拆卸、运输和组装。抽屉板下设置有滚轮轨道，承载后依然能用很小的力自如地拉动，滑动平稳。附加定位保险装置，安全可靠，可以抽出 2/3，每层可存载 500～2 000 千克机械加工装备的存放，是现代化工厂不可缺少的存储用品。

抽屉式货架占地少、承重大，分类详细、操作简便。

（12）钢平台。

钢平台由立柱、主（次）梁、楼层面、楼梯、护栏组成（见图 5-22）。钢平台是整体组装，无须现场焊接。通常每个平方米的承受力在 300～1 000 千克，立柱采用承受力强、用钢量少的圆管，主、次梁可以根据承载需要选择。采用扣板式结构，与主、次梁刚性固定，整个平台整体结构强，可以根据实际需要选择不同的楼面板以满足消防或防尘、防小件坠落要求。楼面下方可以根据需要配置照明系统。

图 5-22　钢平台

货物输送可以采用液压升降平台、货梯或叉车等方式。所有材料均采用优质碳素结构钢，全自动表面喷塑处理，承载力强，外观简洁大方，可应用于各行业。

（13）阁楼式货架。

阁楼式货架（见图 5-23）是厂房地面面积有限的情况下，利用钢梁和金属板将原有储区做楼层区分，每个楼层可以放置不同的种类和货架，而货架结构具有支持上层楼板的作用。阁楼式货架适合各类货物的存放。

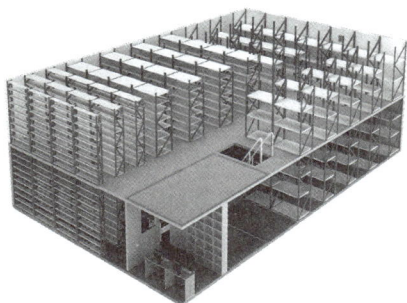

图 5-23　阁楼式货架

2. 叉车

叉车（见图 5-24）又称铲车、叉式装卸车，是装卸搬运机械中最常见的具有装卸、搬运双重功能的机械。它以货叉作为主要的取货装置，依靠液压起升机构升降货物，由轮胎式行驶系统实现货物的水平搬运。叉车除了使用货叉以外，还可以更换各类装置以适应多种货物的装卸、搬运等作业。

叉车按其动力装置的不同可分为内燃式叉车和电动叉车。内燃式叉车特点是机动性好、功率大、独立性强、应用范围广。一般情况下，大吨位的叉车采用内燃机为动力。电动叉车操作简单、动作灵活、无废气污染、噪声小、费用低，主要适合室内作业。

叉车按照功能和功用可分为平衡重式叉车、侧面式叉车、插腿式叉车、前移式叉车、集装箱叉车等。

图 5-24　各种类型的叉车

3. 托盘

托盘又称栈板，是用于货物和制品的集装、堆放、搬运和运输的水平平台装置，可以实现货物包装的单元化、规范化和标准化，能够保护货物，方便物流和商流。

托盘的主要优点包括：①自重量小。用于装卸搬运和运输所消耗的劳动量较小，无效运输和无效装卸搬运作业量也都很小。②容易交换使用。托盘造价不高，体积较小，只要组织得当，托盘比较容易在贸易各方之间实现交换使用，因而可以减少空托盘运输。③返空运输比较容易。返空运输时占用运输设备的载运空间也很少。④使用灵活方便。货物装盘卸盘比较容易，适用的作业场合和货物种类也比较广泛。

托盘的主要缺点包括：对货物的保护性比集装箱差，露天存放困难，需要有仓库和较宽的通道等配套设施。

托盘的类别有以下几种：

（1）平托盘。

平托盘（见图5-25）是由承载面和一组纵梁相结合构成的平板货盘，其承载面上一般没有辅助结构件，底部设有叉车叉孔。可用于集装物料，可使用叉车或托盘搬运车等进行作业。

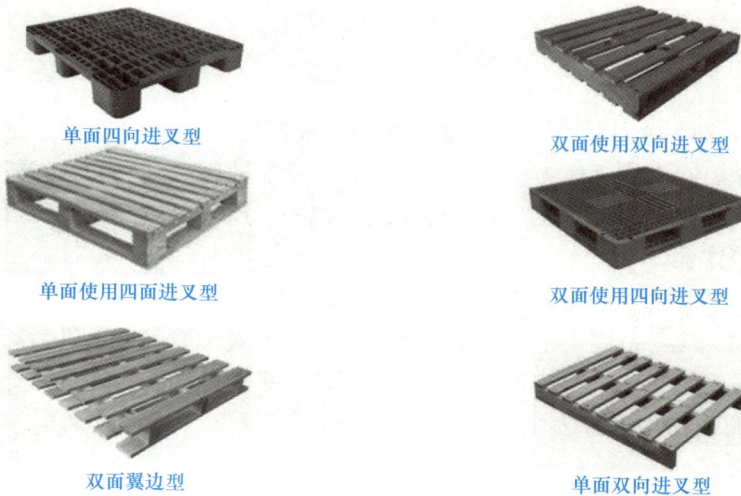

单面四向进叉型　　　　　　双面使用双向进叉型

单面使用四面进叉型　　　　双面使用四向进叉型

双面翼边型　　　　　　　　单面双向进叉型

图 5-25　平托盘

（2）立柱式托盘。

立柱式托盘（见图5-26）是指带有用于支撑堆码货物立柱的托盘。

图 5-26　立柱式托盘

立柱式托盘的性能特点：利用立柱可以防止托盘上所放置的货物在运输和装卸等过程中发生坍塌；在托盘货件堆垛存放或运输时，利用立柱支撑上层货物的重量，以防下层货物受压损坏。

（3）箱式托盘。

箱式托盘（见图5-27）就是在四面装有壁板，构成箱形的托盘。箱式托盘的壁板有整板式、密装板式和格栅式等结构，壁板与底座之间的连接形式有固定式、折叠式、可拆卸式三种。

图 5-27　箱式托盘

（4）轮箱式托盘。

轮箱式托盘（见图 5-28）是在立柱式托盘和箱式托盘的基础上，在底部装有小型轮子而构成的一种托盘。

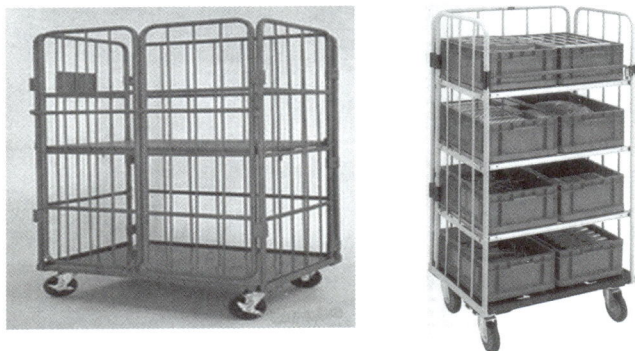

图 5-28　轮箱式托盘

📁 **小知识**

我国标准托盘规格尺寸

目前我国推行使用的标准托盘平面尺寸规格为 1 200 毫米×1 000 毫米和 1 100 毫米×1 100 毫米两种，其中优先推荐使用 1 200 毫米×1 000 毫米规格。国际标准化托盘规格有以下几种：

国际标准化托盘规格

1 200 毫米×800 毫米	1 200 毫米×1 000 毫米	1 219 毫米×1 016 毫米	1 140 毫米×1 140 毫米	1 100 毫米×1 100 毫米	1 067 毫米×1 067 毫米

4. 堆垛起重机

堆垛起重机是指采用货叉或串杆作为取物装置，在仓库、车间等处摆取、搬运和堆垛或从高层货架上取放单元货物的专用起重机，它是一种仓储设备。堆垛起重机的主要作用是在立体仓库的通道内来回运行，将位于巷道口的货物存入货架的货格，或者取出货格内的货物运送到巷道口。

堆垛起重机按照有无导轨可分为有轨堆垛起重机和无轨堆垛起重机；按照高度不同可分为低层型、中层型和高层型堆垛起重机；按照驱动方式不同可分为上部驱动式、下部驱动式和上下部相结合驱动式堆垛起重机；按照自动化程度不同可分为手动式、半自动式和自动式堆垛起重机；按照用途不同可分为桥式和巷道堆垛起重机（见图 5-29）。

图 5-29　桥式和巷道堆垛起重机

5. 仓储笼

仓储笼（见图 5-30）一般为网格结构，重量轻、强度高，组装、折叠简单，一般可堆叠四层左右，有较高的空间利用率。其底部采用 U 型钢增强，保证承载力。仓储笼可配合搬运设备，用于运输、搬运装卸、存储保管等物流环节。

图 5-30　仓储笼

6. 其他

其他仓库常用设备设施有堆垛架、物流台车、周转箱、物料整理架、钢托盘、网格层板等。

三、仓库智能物流设备

1. 智能传送分拨系统（见图 5-31）

该系统的作业过程可以简单描述如下：物流中心（仓库）接收供应商或货主通过各种运输工具送来的商品，在最短的时间内将这些商品卸下并按商品品种、货主、储位或发送地点进行快速准确地分类，再将这些商品运送到指定地点（如指定的货架、加工区域、出货站台等）。同时，当供应商或货主通知物流中心按配送指示发货时，自动分拣系统可以在短时间内从庞大的高层货架存储系统中准确找到要出库的商品所在位置，并按所需数量出库，将从不同储位上取出的不同数量商品按配送地点的不同运送到不同的理货区域或配送站台集中,以便装车配送。

图 5-31　智能传送分拨系统

2. AR 智慧物流系统

带上 AR 眼镜,打开操作系统,就可接到源源不断的订单,工作人员还可直观看到商品的质量、体积等各种信息,进行快速分类(见图 5-32)。

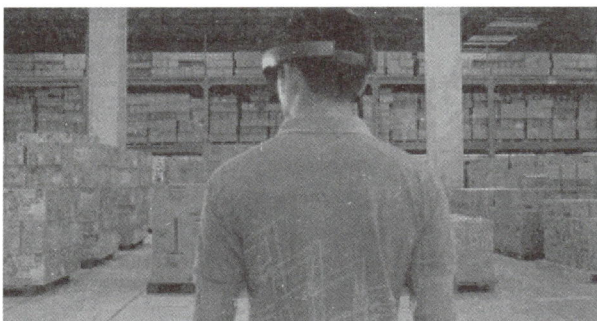

图 5-32　AR 智慧物流系统

AR 智慧物流系统会指导工作人员按照最优路线行走,迅速找到货架上的商品,并进行扫描等操作。同时还能帮助工作人员迅速地完成质量检测、包装等工作。

在商品离开仓库以后,快递员还可利用这套技术快速轻松地完成包裹分类,并结合自身服务区域与消费者喜好进行科学配送。

3. 第三代物流机器人

第三代物流机器人在第二代基础上,增加了替换人工的机械手、机械臂、视觉系统、智能系统等,提供更友好的人机交互界面,并且与现有物流管理系统对接更完善,具有更高的执行效率和准确性。

4. 智能分拣机器人

智能分拣机器人(见图 5-33)是一种具备了传感器、物镜和电子光学系统的机器人,可以快速进行货物分拣。

包裹的系统分流工作是在物流中心完成的,比如按照不同省份、不同地市进行单独分流等。面对数量庞大的包裹,智能分拣机

图 5-33　智能分拣机器人

器人只需要扫描条形码，就可以知道包裹的信息，从而将包裹运输到指定的投递口。而且智能分拣机器人体积小巧，一个物流中心可以允许成百上千台机器人作业，所有动作均由程序来进行操控，能够最大限度确保投递的准确率和效率，并且还能节省人力成本开支，因此得到了越来越广泛的应用。

💡 **案例分享**

冬奥会上的智能物流设备

在主物流中心 B 库 2 层物流库，物流中心的科技物流区内拥有多项物流"黑科技"。在现场，多个"地狼"机器人正在搬运赛事所需的各项物资。冬奥会赛时将穿梭于赛事闭环与非闭环区的无人车以及无人配送柜等同样吸引眼球。"一方面是绿色物流、科技物流，同时，由于有些物资是从国外运来的，用'地狼'和无人车运输配送，也保证了防疫安全。"北京冬奥组委物流部负责人如是说。

出于提升物流配送效率与降低疫情传播风险的统筹考虑，无人化、智能化是北京2022 年冬奥会物流保障工作的鲜明特征。为推进科技防疫，北京冬奥组委物流服务商京东物流在多个冬奥场馆内陆续投用 14 辆室外智能配送设备、3 台室内智能配送设备。

京东物流机器人硬件研发部系统负责人介绍，室内智能物流机器人可以载重30～300 千克的物品，在场馆内实现无人无接触式的终端配送。为了提高馆内物资流转高效性和安全性，室内运送机器人（见图 5-34）都工作在缓冲区内，处在洁净区的工作人员，可以通过配置的智能终端，呼叫室内运送机器人前往自己的所在地。车辆到达洁净区与缓冲区边界后，工作人员可以将物资放置在机器人箱体内，由机器人运送物资，到达缓冲区与污染区边界，完成物资从洁净区到污染区之间的摆渡接驳。污染区的物资也可以在经过消杀后，由机器人送至洁净区，减少人员跨区域流动。

图 5-34　室内运送机器人

为了进一步落实无接触配送，京东物流还将陆续投用 23 套双面智能配送柜（见图 5-35），立在闭环内与闭环外的分隔线上，通过"双面柜"的设计实现了存件、取件的双向操作，最大程度避免存、取件人的直接接触，多措并举地解决了冬奥场馆内"最后一公里"的无接触配送难题。

除此之外，京东物流在冬奥主物流中心引入智能仓储管理设施，对高风险物资实行自动化管理及分拣，降低库内操作工人接触高风险物资的概率，实现无人化、智能化的仓储管理，有效应对进口物资仓储管理的防疫压力。

图 5-35　双面智能配送柜

巩固提高

一、简答题

1. 请介绍货架的种类和特点。
2. 请简述托盘的种类。

二、任务题

任务背景：了解仓库基本设备设施。

任务要求：学生制作 PPT 介绍仓库基本设备设施。

任务实施：

第一步：利用思维导图总结货架的种类和特点。

第二步：利用思维导图总结叉车的种类。

第三步：前往物流中心进行实地调研，谈谈智能物流设备的应用情况。

单元三 认识自动化立库设备设施

单元背景

动画微课 23
认识自动化立库设备设施

蒙牛的自动化立体仓库

内蒙古蒙牛乳业泰安有限公司乳制品自动化立体仓库，是蒙牛的第三座自动化立体仓库。该库后端与泰安公司乳制品生产线相衔接，与出库区相连接，库内主要存放成品纯鲜奶和成品瓶酸奶。库区面积 8 323 平方米，货架高度分别有 21 米、19.35 米、17.7 米、16.05 米、14.4 米和 12.75 米；货架在常温区有 14 964 个，在低温区有 4 668 个；库内货位总数为 19 632 个，其中，常温区货位 14 964 个，低温区货位 4 668 个；使用标准托盘（尺寸：1 200 毫米×1 000 毫米）入库能力 150 盘 / 小时，出库能力 300 盘 / 小时。

出入库系统采用联机自动设备，入库区由 66 台链式输送机、3 台双工位高速穿梭车组成。输送机负责将生产线码垛区的整盘货物转入各入库口；穿梭车则负责生产线端输送机输出的货物向各巷道入库口的分配、转动及空托盘回送。

储存区包括高层货架和 17 台巷道堆垛机。高层货架采用双托盘货位，完成货物的存储功能。巷道堆垛机则按照指令完成从入库输送机到目标货位的取货、搬运、存货及从目标货位到出货输送机的取货、搬运、出货任务。

托盘（外调）回流区分别设在常温储存区和低温储存区内部，由 12 台出库口输送机、14 台入库口输送机、巷道堆垛机和货架组成。分别完成空托盘回收、存储、回送以及外调货物入库、剩余产品与退库产品入库、回送等工作。

出库区设置在出库口外端，分为货物暂存区和装车区，由 34 台出库输送机、叉车和运输车辆组成。叉车司机通过电子看板、RF 终端扫描来完成叉车装车作业，反馈发送信息。

维修区设在穿梭车轨道外一侧，在某台空梭车更换配件或处理故障时，其他穿梭车仍旧可以正常工作。计算机控制室设在二楼，用于出入库登记、出入库管理和联机控制。

单元目标

📖 知识目标
1. 了解自动化立库的概念及功能。
2. 掌握自动化立库的组成部分。

📖 能力目标
1. 能够准确阐述自动化立库设备设施的作用。
2. 能够为自动化立库设备设施建设提出可行性建议。

📖 素养目标
1. 牢固树立劳动光荣、向劳模学习的意识，培养劳动精神。
2. 培养学生吃苦耐劳、勇担重任的职业精神。
3. 培养学生自觉学习、勇于探究、团结协作的工作态度。
4. 培养学生爱护设备设施、自觉维护工作场所设备设施的意识，提升安全操作、驾驶的责任意识。

知识储备

一、走近自动化立库

1. 自动化立库的概念

自动化立库，即自动化立体仓库，一般是指采用几层至几十层高的货架储存单元货物，用相应的物料搬运设备进行货物入库和出库作业的仓库。由于这类仓库能充分利用空间储存货物，故常形象地将其称为"立体仓库"。

自动化立库是物流仓储中出现的新概念。利用立体仓库设备可实现仓库高层合理化、存取自动化、操作简便化，是当前技术水平较高的表现形式之一。自动化立库是由立体货架、有轨巷道堆垛机、出入库托盘输送机系统、尺寸检测条码阅读系统、通信系统、自动控制系统、计算机监控系统、计算机管理系统，以及其他如电线、电缆、桥架、配电柜、托盘、调节平台、钢结构平台等辅助设备组成的复杂的自动化系统。运用一流的集成化物流理念，采用先进的控制、总线、通信和信息技术，通过以上设备的协调动作进行出入库作业。

2. 自动化立库的功能

（1）大量储存。一个自动化立库拥有货位数可以达到30万个，可储存30万个托盘，以平均每托盘储存货物1吨计算，则一个自动化存取系统可同时储存30万吨货物。

（2）自动存取。自动化立库的出入库及库内搬运作业全部由计算机控制的机电一体化作业设备实现。

（3）除上述功能外，还可以扩展到分类、计量、包装、分拣、配送等功能。

二、自动化立库的组成部分

1. 货架

货架是用于存储货物的钢结构，是整个自动化立库的核心，没有货架自动化立库就没有办法存储货物。货架的结构可以根据企业产品的实际尺寸和类型进行设计，在安装过程中需要安装配件来提升整体结构的稳定性。

自动化立库的货架可分为以下种类：

（1）按照立体仓库的高度可分为：低层立体仓库：高度在 5 米以下；中层立体仓库：高度在 5 ～ 15 米之间；高层立体仓库（见图 5-36）：高度在 15 米以上。

立体仓库的建筑高度最高的可达 40 米，常用的立体仓库高度为 7 ～ 25 米。

（2）按照操作对象的不同可分为：托盘单元式自动仓库、箱盒单元式自动仓库（见图 5-37）、拣选式高层货架仓库、单元/拣选式自动仓库、高架叉车仓库。其中，采用托盘集装单元方式来保管物料的自动仓库，被国内企业较为广泛地采用。

图 5-36　高层立体仓库	图 5-37　箱盒单元式自动仓库

（3）按照储存物品的特性可分为：常温自动化立体仓库、低温自动化立体仓库、防爆型自动仓库等。

（4）按货架构造形式可分为：单元货格式仓库、贯通式仓库、水平旋转式仓库、垂直旋转式仓库。

（5）按所起的作用可分为：生产性仓库、流通性仓库。

2. 托盘

托盘是用于承载货物的器具，亦称工位器具。

随着科技与物流日新月异的发展与融合，自动化立体仓储已经逐渐成为企业不可以缺少的仓储技术，而应用于自动化立体仓储的专用托盘也是不可忽视的一部分。

自动化立体仓储的专用托盘为了配合激光扫码的需求，高度范围需要在 160 至 170 毫米之间。在托盘底部设计上，塑料托盘在自动化立库需要平稳运行，所以托盘底部表面设计得防滑平整。在托盘表面设计上，为了让堆放在托盘上的产品快速稳定地运行，专用托盘表面通常是磨砂且可加防滑垫设计（见图 5-38）。

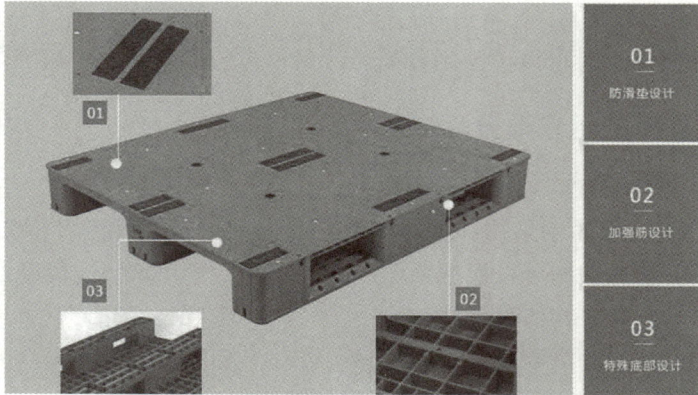

图 5-38　专用托盘

托盘可以是塑料的也可以是钢材料制成。一般来说输送机构是轴机构，塑料托的好；输送机构是输送带的，钢质的好。具体立库方案规划时就应该确定托盘型式和尺寸，托盘型式与货架型式、托盘的输送移载方式、托盘的动静载荷均相关，所以应细化明确已知条件方可定夺。

3. 巷道堆垛机

巷道堆垛机（如图 5-39）又称为巷道堆垛起重机，是自动化立库中最重要的搬运设备，它是随着立体仓库的出现而发展起来的专用起重机，专用于高架仓库。

巷道堆垛机是整个自动化立库的核心设备，通过手动操作、半自动操作或全自动操作，实现把货物从一处搬运到另一处。它由机架（上横梁、下横梁、立柱）、水平行走机构、提升机构、载货机构及电气控制系统等部分构成，具体构造及部件名称如图 5-39 所示。

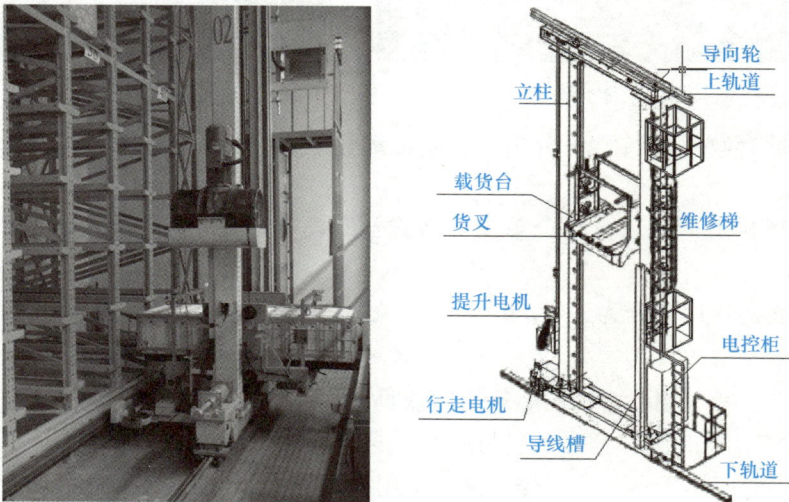

图 5-39　巷道堆垛机及其构造

巷道堆垛机有如下特点：①电气控制方式有手动、半自动、单机自动及计算机控制等方式，可任意选择一种电气控制方式。②大多数堆垛机采用变频调速，光电认址，具有调速性能好、停车准确度高的特点。③采用安全滑触式输电装置，保证供电可靠。④运用过载松绳，断绳保护装置确保工作安全。⑤配备移动式工作室，室内操作手柄和按钮布置合理，座椅较舒适。⑥堆垛机机架重量轻，抗弯、抗扭刚度高，起升导轨精度高，耐磨性好，可精确调位。⑦可伸缩式货叉减小了对巷道的宽度要求，提高了仓库面积的利用率。

巷道堆垛机按结构的不同、支撑方式的不同以及用途的不同可进行如下分类（见图5-40）：

	类型	特点	用途
按结构分类	单立柱型	1. 机架结构是由1根立柱、上横梁和下横梁组成的1个矩形框架 2. 结构刚度比双立柱差	适用于起重量在2吨以下、起升高度在16米以下的仓库
	双立柱型	1. 机架结构是由2根立柱、上横梁和下横梁组成的1个矩形框架 2. 结构刚度比较好 3. 质量比单立柱大	1. 适用于各种起升高度的仓库 2. 一般起重量可达5吨，必要时还可以更大 3. 可用于高速运行
按支撑方式分类	地面支承型	1. 支承在地面铺设的轨道上，用下部的车轮支承和驱动 2. 上部导轮用来防止堆垛机倾倒	1. 适用于各种高度的仓库 2. 适用于起重量较大的仓库 3. 应用广泛
	悬挂型	1. 在悬挂于仓库屋架下弦装设的轨道下翼沿上运行 2. 在货架下部两侧铺设下部导轨，防止堆垛机摆动	1. 适用于起重量和起升高度较小的小型仓库 2. 使用较少 3. 便于转巷道
	货架支承型	1. 支承在货架顶部铺设的轨道上 2. 在货架下部两侧铺设下部导轨，防止堆垛机摆动 3. 货架应具有较大的强度和刚度	1. 适用于起重量和起升高度较小的小型仓库 2. 使用较少
按用途分类	单元型	1. 以托盘单元或货箱单元进行出入库 2. 自动控制时，堆垛机上无司机	1. 适用于各种控制方式，应用最广 2. 可用于"货到人"式拣选作业
	拣选型	1. 在堆垛机上的操作人员从货架内的托盘单元或货物单元中取少量货物，进行出库作业 2. 堆垛机上装有司机室	1. 一般为手动或半自动控制 2. 可用于"人到货"式拣选作业

图 5-40　巷道堆垛机的类型

高架叉车又称无轨堆垛机（见图5-41），与有轨堆垛机相比，可多巷道共用一台，适用于巷道高度较短，出入库作业频率较低的仓库。高架叉车向运行方向二侧进行堆垛作业时，车体无须直角转向，而使前部的门架或货叉作直角转向及侧移即可，这样大大降低了对作业通道宽度的要求。此外，高架叉车的起升高度比普通叉车要高，从而大大提高了仓库可使用面积和空间利用率。

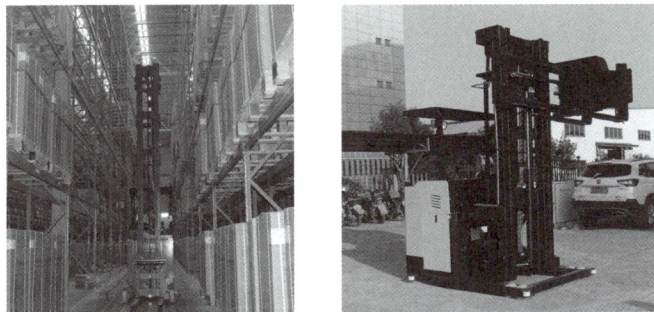

图 5-41　高架叉车

4. 输送机

输送机是自动化立库的主要外围设备，负责将货物运送到堆垛机或从堆垛机将货物移走。输送机种类非常多，常见的有辊道输送机、链条输送机、升降台、提升机等（见图5-42）。

辊道输送机

链条输送机

升降台

提升机

图 5-42　常见的输送机

5. AGV

AGV，即自动导引搬运车（见图 5-43），其最大的特点是无人驾驶。AGV 上装备有自动导向系统，可以保障系统在无人工引航的情况下就能够沿预定的路线自动行驶，将货物或物料自动从起始点运送到目的地。AGV 的另一个特点是柔性好，自动化程度和智能化水平高。AGV 的行驶路径可以根据仓储货位和生产工艺流程的改变而灵活改变，并且运行路径改变的费用与传统的输送带和刚性的传送线相比非常低廉。

AGV 一般配备有装卸机构，可以与其他物流设备自动接口，实现货物和物料装卸与搬运全过程的自动化。此外，AGV 还具有清洁生产的特点，AGV 依靠自带的蓄电池提供动力，运行过程中无噪声、无污染，可以应用在许多要求工作环境清洁的场所。

图 5-43　自动导引搬运车

6. 码垛机

码垛机是码垛设备的统称，包括高台码垛机、码垛机器人等（见图 5-44），它们都是包装设备的后续设备，是将已装入容器的纸箱、袋装物料按一定的排列顺序码放在托盘、栈板（木质、塑胶）上，进行自动堆码，便于叉车运至仓库储存。码垛机可进行智能化操作管理，简便、易掌握，可大大减少劳动力和降低劳动强度。

高台码垛机　　　　　　　　　　码垛机器人

图 5-44　码垛机

码垛机器人与高台码垛机的区别如下：

（1）从应用范围看，码垛机器人应用范围广，包装袋、包装箱、编织袋都可以使用；而高台码垛机主要用在包装袋的码垛生产线上，针对性更强。

（2）在使用上，码垛机器人安装更灵活一些，可以同时码放多个规格品种的成品包装袋，可以满足多条输送线传来的成品；而高台码垛机只能码放一种规格和一条输送线的包装袋。

（3）从码放效果上看，高台码垛机有很大的优势，每小时码垛速度可以达到 1600 包，而且垛型整齐美观，包装袋不易滑落；码垛机器人单抓手每小时达 800 包，双抓手可以达到 1000 包左右，速度不及高台码垛机，且码垛机器人易抓破包装袋。

（4）在使用寿命和成本上，码垛机器人的成本比高台码垛机的成本高很多，且高台码垛机的使用寿命更长。

7. 自动控制系统

自动控制系统是指驱动自动化立库系统各设备的自动控制系统，以采用现场总线方式为控制模式为主。

8. 储存信息管理系统

储存信息管理系统亦称中央计算机管理系统，是自动化立库系统的核心。典型的自动化立库系统均采用大型的数据库系统（如 ORACLE、SYBASE 等）构筑典型的客户机/服务器体系，可以与其他系统（如 ERP 系统等）联网或集成。

📁 **小知识**

　　自动化仓库结合不同类型的仓库管理软件、图形监控及调度软件、条形码识别跟踪系统、搬运机器人、AGV、货物分拣系统、堆垛机认址系统、堆垛机控制系统、货位探测器等，可实现立体仓库内的单机手动、单机自动、联机控制、联网控制等多种立体仓库运行模式，实现仓库货物的立体存放、自动存取、标准化管理，可大大降低储运费用，减轻劳动强度，提高仓库空间利用率。

巩固提高

一、简答题

1. 列表分析巷道堆垛机的特点和用途。

2. 说明自动化立库的设备构成。

3. 请简要介绍 AGV。

二、任务题

任务背景：仔细阅读单元背景案例，了解自动化立库的设备组成与功能。

任务要求：结合案例说明自动化立库的设备设施及其功能。

任务实施：

第一步：以思维导图的形式，总结自动化立库的设备设施。

第二步：列表说明各设备设施的分类及功能。

第三步：简要分析自动化立库在未来物流发展中发挥的作用。

模块六

树立供应链管理意识

模块 简介

供应链是指围绕核心企业，从配套零件开始，到制成中间产品以及最终产品，最后再由销售网络把产品送到消费者手中，将供应商、制造商、分销商直到最终用户连成一个整体的功能网链结构。供应链管理的经营理念是从消费者的角度出发，通过企业间的协作，谋求供应链整体最佳化。成功的供应链管理能够协调并整合供应链中的所有活动，最终成为无缝连接的一体化过程。

我们可以把供应链描绘成一棵枝叶茂盛的大树：生产企业构成树根，独家代理商则是树干，分销商是树枝和树梢，满树的绿叶则是最终用户。在根与树干、枝与叶的一个个结点上，蕴藏着一次次的流通，遍体相通的脉络便是信息管理系统。

职业 素养

通过对本模块的学习，让学生了解企业供应链管理的发展，培养学生对企业物流运营过程的深刻认知，帮助学生树立环保、节约、绿色的企业经营理念，具备供应链管理思维，充分理解企业文化，有责任感和家国情怀。

知识 框图

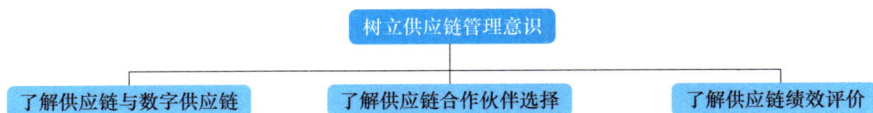

树立供应链管理意识 → 了解供应链与数字供应链　了解供应链合作伙伴选择　了解供应链绩效评价

单元一 ▶ 了解供应链与数字供应链

单元背景

动画微课 24
了解供应链与供应链管理

海尔供应链

供应链管理的关键是核心业务的竞争力。众所周知，海尔的核心竞争力，是在以海尔文化下所形成的市场开拓和技术创新能力。

1. 强化创新能力

要想在供应链管理中取胜，就要强化创新能力，满足市场的需求。在海尔的核心业务——冰箱领域上，海尔发挥了其强大的创新能力。四星级电冰箱、豪华型大冷冻电冰箱、全封闭的抽屉式冷冻电冰箱、组合电冰箱都是海尔制造生产的，紧接着是宽气候带电冰箱、保湿无霜电冰箱、无氟电冰箱，每一个新品都创造了一个新市场、新消费群。正是这种源源不断的新产品之流，保证了海尔经济效益的稳步增长。

2. 以供应链为基础的业务流程再造

业务流程是企业以输入各种原料和客户需求为起点，到企业创造出对客户有价值的产品或服务为终点的一系列活动。海尔的业务流程再造是以供应链的核心管理思想为基础，以市场客户需求为纽带，以海尔企业文化和战略经营单位管理模式为基础，以订单信息流为中心，带动物流和资金流的运行，实施"三个零"（服务零距离、资金零占用、质量零缺陷）为目标的流程再造。

3. 注重供应链管理中的信息技术利用

通过电子商务、电子邮件甚至互联网进行信息交流，虽然手段不同，但内容并没有改变。而计算机信息系统的优势在于其自动化操作和处理大量数据的能力，令信息流通速度加快，同时减少失误。为了适应供应链管理的发展，必须从与生产产品有关的第一层供应商开始，环环相扣，直到货物到达最终客户手中，真正按供应链的特性改造企业业务流程，使各个节点的企业都具有处理物流和信息流的自组织和自适应能力。

单元目标

📖 知识目标

1. 了解供应链与数字供应链的概念和流程。
2. 了解供应链管理的概念和特征。

📖 能力目标

1. 能够分析不同类型供应链的特点。
2. 能够根据企业管理中的实例描述其供应链相关知识。

📖 素养目标

1. 树立绿色、环保、安全、节约的职业理念。
2. 培养学生团队协作能力、小组探究能力。
3. 培养学生大局观、具备供应链管理运营思维。

知识储备

一、走近供应链

1. 供应链的概念

《中华人民共和国国家标准：物流术语（GB/T 18354—2021）》对供应链的定义是：生产

及流通过程中，围绕核心企业的核心产品或服务，由所涉及的原材料供应商、制造商、分销商、零售商直到最终用户等形成的网链结构。

供应链概念经历了一个发展的过程。早期的观点认为供应链是制造企业中的一个内部过程，它是指将采购的原材料和零部件，通过生产转换和销售等过程传递到用户的一个过程。传统的供应链概念局限于企业的内部操作，注重企业自身的资源利用。

随着企业经营的进一步发展，供应链的概念范围扩大到了与其他企业的联系，注意了供应链的外部环境，认为它应是一个"通过链中不同企业的制造、组装、分销、零售等过程将原材料转换成产品，再到最终用户的转换过程"。这是更大范围、更为系统的概念。这种定义注意了供应链的完整性，考虑了供应链中所有成员操作的一致性。

现代供应链的概念更加注重围绕核心企业的网链关系，如核心企业与供应商、供应商的供应商乃至与一切前向的关系，与用户、用户的用户及一切后向的关系。此时对供应链的认识形成了一个网链的概念。

我国著名学者马士华在其《供应链管理》中给供应链下的定义为：供应链（Supply Chain，SC）是围绕核心企业，通过对信息流、物流、资金流的控制，从采购原材料开始，制成中间产品以及最终产品，最后由销售网络把产品送到消费者手中的将供应商、制造商、分销商、零售商直到最终用户连成一个整体的功能网链结构模式。供应链是一个包含了商品的需求到生产再到供应过程中各经营实体（供应商、制造商、分销商、零售商和用户）和活动（采购、制造、运输、仓储和销售）及其相互关系动态变化的网络。供应链的概念强调的是核心企业的网链关系（见图6-1），每一个企业在供应链中都是一个节点，节点企业之间是一种需求与供应关系。对于核心企业来说，供应链是连接其供应商、分销商、零售商以及客户、最终用户的网链。企业开展供应链管理始于运输管理方面，后又延伸至入库、最终产品库存、物料处理、包装、客户服务、采购和原材料等方面。在供应链上除物流、商流、信息流和资金流外，根本的是要有增值流，即在供应链上流动的各种资源应是一个不断增值的过程。因此，供应链的本质是增值链。

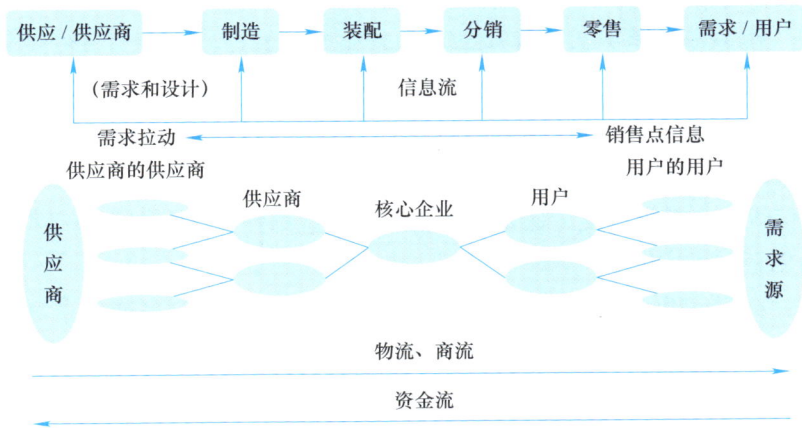

图6-1 供应链的网链结构

2. 数字供应链

数字供应链是指利用现代信息技术，如云计算、大数据、人工智能等，对传统供应链进行改造和优化，以提高效率、降低成本、提升客户满意度的一种新型供应链模式。其呈现如下特征：

1）数据驱动：数字化供应链的核心是数据。通过收集、分析和利用大量数据，企业可以更好地了解市场需求、优化库存管理、提高生产效率等。

2）实时性：与传统的供应链相比，数字化供应链具有更高的实时性。企业可以通过实时监控和分析供应链各个环节的数据，及时发现问题并采取相应措施，从而降低风险和损失。

3）协同性：数字化供应链强调供应链上下游企业的协同合作。通过共享信息、优化流程和资源整合，企业可以实现更高效的生产和配送，提高整体供应链的竞争力。

4）智能化：随着人工智能技术的发展，越来越多的企业开始将 AI 应用于供应链管理。例如，通过预测分析、机器学习等技术，企业可以更准确地预测市场需求，优化库存管理和生产计划。

3. 供应链的类型

供应链在设计上要力求做到客户要求与供应链复杂度之间的平衡，在内容上主要考虑在供应链细分上的投入和细分后在各个环节中供应链各方的收益。

按照模式和适用性的不同，供应链可分为以下几种类型：

（1）高效率型供应链。

主要特征：要求供应链的各个环节，包括搜寻商品、采购、运输、货物接收、库存、销售、退换货等环节都要在不影响销售和利润的前提下，进行低成本的运作。主要凸显满足商品或服务供给要求的同时成本最低的优势，规避容易形成的紧张的上下游关系，和因系统运作产生不利于满足变化和需要的劣势。高效率型供应链适用于产品差异小，同类型竞争激烈且利润率、客单价不高的企业。

（2）快速反应型供应链。

主要特征：快速反应主要体现在与客户的紧密联系方面，表现为当需求或供给环境发生重大变化或者更迭时，通过快速反应进而满足客户的应急要求，解决实际问题。主要凸显在特殊时期和特殊状况下依然能快速解决因变动而产生的需求或供给，表现为快速性和适应性，但随之而来的是因解决应急问题而带来成本的增加劣势。快速反应型供应链主要适用于设备维修、电信维修、数据修复、医疗紧急救助等紧急部件供应和灾难应对型企业。

（3）时尚创新型供应链。

主要特征：在时尚和创新方面突出的供应链形式，主要针对多变的市场进行贴近现实的发展和创新的改变，通过满足客户时尚的、变化的、个性化的需求，进而达到与客户关系更加紧密的目的。时尚创新型供应链对信息系统的更新和创新有较高的要求，前期投入相对较高，成本转化需要成本核算，进而抵消因市场变化快带来的不确定因素，主要应用于时装、家电、首饰等的设计领域。

（4）多形态、多元化供应链。

主要特征：同时拥有或涉及多个供应链系统，不但兼顾差异化需求，还可解决跨领域、多形态的复杂供应链的弊端，主要应用于一些跨领域、多定位企业。

二、供应链管理

1. 供应链管理的概念

《中华人民共和国国家标准：物流术语（GB/T 18354—2021）》对供应链管理（Supply Chain Management，SCM）的定义是：从供应链整体目标出发，对供应链中采购、生产、销售各环节的物流、商流、信息流及资金流进行统一计划、组织、协调、控制的活动和过程。即在满足一定的客户服务水平的条件下，为了使整个供应链系统成本达到最小而把供应商、制造商、仓库、配送中心和渠道商等有效地组织在一起来进行的产品制造、转运、分销及销售的管理方法（见图6-2）。供应链管理包括计划、采购、制造、配送、退货五大基本内容。

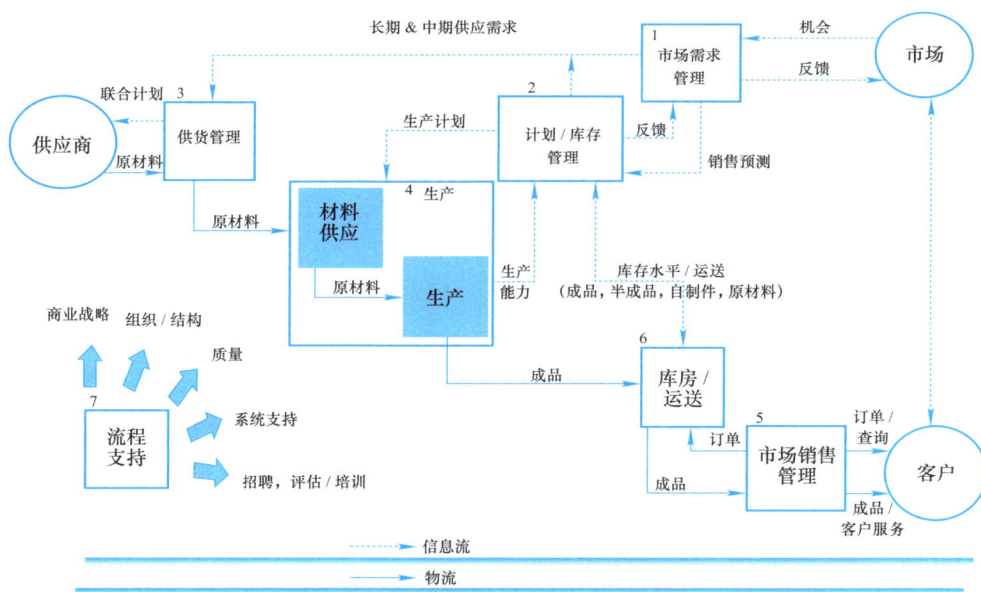

图 6-2　供应链管理流程示意图

2. 供应链管理的基本特征

供应链管理是一种先进的管理理念，它的先进性体现在是以客户和最终消费者为经营导向的，以满足客户和消费者的最终期望来生产和供应的。除此之外，供应链管理还有以下几个特点：

（1）供应链管理把所有节点企业看作一个整体，实现全过程的战略管理。

传统的管理模式往往以企业的职能部门为基础，但由于各企业之间以及企业内部职能部门之间的性质、目标不同，易产生矛盾和利益冲突，各企业之间以及企业内部职能部门之间无法完全发挥其职能效率，因而很难保证效率的最优化。

供应链是由供应商、制造商、分销商、零售商、客户和服务商组成的网状结构（见图6-3）。链中各环节不是彼此分割的，而是环环相扣的一个有机整体。供应链管理把物流、商流、信息流、资金流、业务流和价值流的管理贯穿于供应链的全过程。它覆盖了整个物流，从原材料和零部件的采购与供应、产品制造、运输与仓储到销售各种职能领域；它要求各节点企业之间实现信息共享、风险共担、利益共存，并从战略的高度来认识供应链管理的重要性和必要性，从而真正实现整体的有效管理。

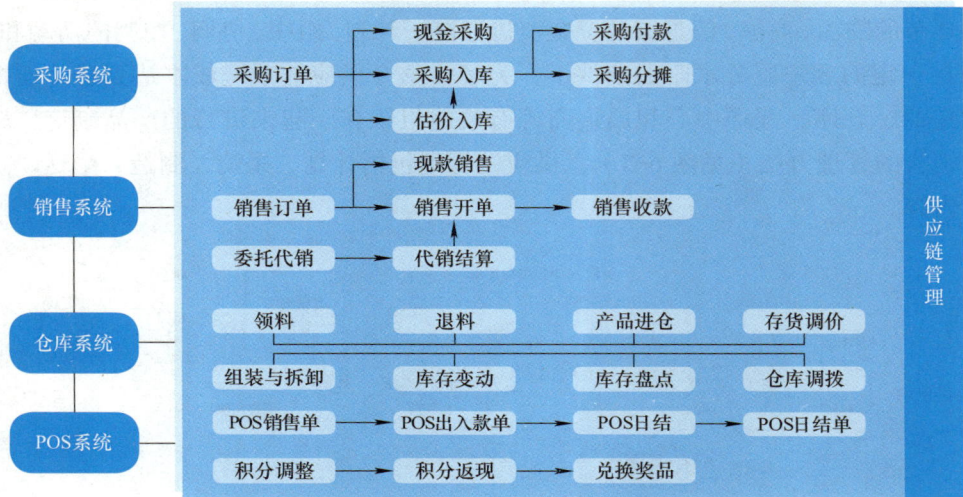

图6-3　供应链系统

（2）供应链管理是一种集成化的管理模式。

供应链管理的关键是采用集成的思想和方法进行管理。它是一种从供应商开始，经由制造商、分销商、零售商直到最终客户的全要素、全过程的集成化管理模式，是一种新的管理策略。它把不同的企业集成起来以增加整个供应链的效率，注重的是企业之间的合作，以达到全局最优。

（3）供应链管理提出了全新的库存观念。

传统的库存思想认为：库存是维系生产与销售的必要措施，是一种必要的成本。而供应链管理使企业与其上下游企业之间在不同的市场环境下实现了库存的转移，降低了企业的库存成本。这也要求供应链上的各个企业成员间建立战略合作关系，通过快速反应降低库存总成本。

（4）供应链管理以最终客户为中心，这也是供应链管理的经营导向。

无论构成供应链的节点企业数量有多少，也无论供应链节点企业的类型、层次如何，供应链的形成都是以客户和最终消费者的需求为导向的。正是由于有了客户和最终消费者的需求，才有了供应链的存在。而且，也只有让客户和最终消费者的需求得到满足，才能使供应链获得更大发展。

（5）供应链转型升级为智慧供应链、数字供应链，人才紧缺。

随着全球经济一体化和信息技术的不断发展，物流、采购、电商、快递等业态融合交叉发展，现代物流向供应链转型升级成为必然趋势。供应链与互联网、物联网深度融合，已经逐渐发展、步入智慧供应链新阶段，提高供应链竞争力已经成为提高企业核心竞争力的重要指标之一，具备专业供应链知识和技能的复合型人才成为企业的首选。从事供应链管理相关工作的专业人员，不但要具备管理学、生产运作管理、财务管理、现代物流管理等基础知识，还需要掌握企业采购、生产、库存、销售、物流等基本业务技能，以及供应链管理等理论基础，属于复合型人才，也是企业目前最为迫切需求的人才之一。

📁 小知识

供应链管理的目的

供应链管理的目的是持续不断地提高企业在市场上的领先地位，不断对供应链中的资源及各种活动进行集成；根据市场需求的扩大，不断地满足顾客需要；根据市场的不断变化，缩短从产品的生产到送达消费者手中的时间；根据物流在整个供应链中的重要性，企业要消除各种不合理损耗，从而降低整体物流成本和物流费用，使物、货在供应链中的库存下降；提高整个供应链中所有活动的运作效率，降低供应链的总成本，并赋予经营者更大的能力来适应市场变化并及时做出反应。

巩固提高

一、简答题

1. 请简述供应链的概念。
2. 请选择一个企业分析其供应链的模式及特点。
3. 试分析数字供应链的特征。

二、任务题

任务背景：日化行业具有供应链链条长、供应渠道多、需求难预测、库存成本高、要求快速响应等特点，因此，对供应链的自动化、智能化和数字化程度要求较高。通过智慧供应链系统的助力，有利于日化企业提高生产效率，优化资源配置，保证供应链整体高效率运行。

任务要求：分析某一日化企业供应链的组织、运转特点。

任务实施：

第一步：以小组为单位，选择一家日化企业进行研究分析，可以通过网络查找或实地调研的形式收集相关资料。

第二步：梳理该企业供应链的信息，并制作树状示意图。

第三步：试分析该企业供应链的组织、运转特点，并说明其作用。

单元二 ▶ 了解供应链合作伙伴选择

动画微课 25
供应链合作伙伴选择

单元背景

中国风神的供应链伙伴关系案例

风神汽车是由多家公司共同合资组建的，由东风汽车公司控股的三资企业。在竞争日益激烈的大环境下，风神公司采用供应链管理思想和模式及其支持技术方法，取得了当年组建、当年获利的好成绩。

通过供应链系统，风神汽车有限公司建立了自己的竞争优势：通过与供应商、花都工厂、襄樊工厂等企业建立战略合作伙伴关系，优化了链上成员间的协同运作管理模式，实现了合作伙伴企业之间的信息共享，保证了物流通畅，提高了客户反应速度，创造了竞争中的时间和空间优势；通过设立中间仓库，实现了准时化采购，从而减少了各个环节上的库存量，避免了许多不必要的库存成本消耗；通过在全球范围内优化合作，各个节点企业将资源集中于核心业务，充分发挥其专业优势和核心能力，最大限度地减少了产品开发、生产、分销、服务的时间和空间距离，实现对客户需求的快速有效反应，大幅度缩短订货的提前期；通过战略合作充分发挥链上企业的核心竞争力，实现优势互补和资源共享，共生出更强的整体核心竞争能力与竞争优势。

在风神供应链中，核心企业风神汽车公司总部设在深圳，生产基地设在湖北的襄樊、广东的花都和惠州。"两地生产、委托加工"的供应链组织结构模式使得公司组织结构既灵活又科学。风神供应链中所有企业得以有效的连接起来形成一体化的供应链，并和从原材料到向客户按时交货的信息流相协调。同时，在所有供应链成员之中建立起了合作伙伴型的业务关系，促进了供应链活动的协调进行。

在风神供应链中，风神汽车公司通过自己所处的核心地位，对整个供应链的运行进行信息流和物流的协调，各节点企业（供应商、中间仓库、工厂、专营店）在需求信息的驱动下，通过供应链的职能分工与合作（供应、库存、生产、分销等），以资金流、物流（或/和）服务流为媒介，实现整个风神供应链不断增值。

单元目标

📖 **知识目标**

1. 掌握供应链合作伙伴关系的概念。
2. 了解供应链合作伙伴关系发展中应解决的问题。

📖 **能力目标**

1. 能够分析供应链上下游合作模式。
2. 能够描述供应链合作内容及方式。

📖 **素养目标**

1. 树立学生团队合作的职业理念。
2. 培养学生大局观意识及合作思维。
3. 培养学生吃苦耐劳、勇于奉献的物流从业者精神。

知识储备

一、走近供应链合作伙伴

1. 供应链合作伙伴关系的概念

供应链合作伙伴关系（Supply Chain Partnership，SCP）一般是指：在供应链内部两个或两个以上独立的成员之间形成的一种协调关系，以保证实现某个特定的目标或效益（见图 6-4）。建立供应链合作伙伴关系的目的，在于通过提高信息共享水平，减少整个供应链产品的库存总量、降低成本和提高整个供应链的运作绩效。

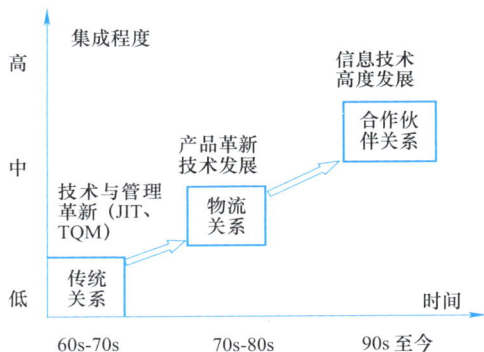

图 6-4　企业关系的演变过程

2. 供应链合作伙伴选择办法

（1）直观判断法。

直观判断法是根据征询和调查所得的资料并结合个人的分析判断，对合作伙伴进行分析、评价的一种方法。这种方法主要是倾听和采纳有经验的采购人员意见，或者直接由采购人员凭经验作出判断。常用于选择企业非主要原材料的合作伙伴。

（2）招标法。

当订购数量大、合作伙伴竞争激烈时，可采用招标法来选择合适的合作伙伴。它是由企业提出招标条件，各招标合作伙伴进行竞标，然后由企业决标，与提出最有利条件的合作伙伴签订合同或协议。招标法可以是公开招标，也可以是指定竞级招标。

（3）协商选择法。

在供货方较多、企业难以抉择时，也可以采用协商选择的方法，即由企业先选出供应条件较为有利的几个合作伙伴，同他们分别进行协商，再确定合适的合作伙伴。与招标法相比，协商选择法由于进行协商，在物资质量、交货日期和售后服务等方面较有保证。

（4）采购成本比较法。

对质量和交货期都能满足要求的合作伙伴，则需要通过计算采购成本来进行比较分析。采购成本一般包括售价、采购费用、运输费用等各项支出的总和。采购成本比较法是通过对各个不同合作伙伴的采购成本进行计算分析，选择采购成本较低的合作伙伴的一种方法。

二、供应链合作伙伴关系发展要解决的问题

1. 信息化基础问题

电子商务环境下的供应链管理是以计算机网络，尤其是以 Internet 网络为基础，企业信息化、区域信息化、行业和国家信息化是电子商务环境下的供应链管理赖以实施的基础。近年来，互联网在我国的发展速度非常快，但在个别地区和领域互联网还处于局部的、较低水平的应用阶段。信息与网络基础设施的不健全在一定程度上是影响我国实施电子商务环境下的高水平供应链管理的一个障碍。

对策：国家、地方和企业应加大信息化基础建设的投入，加大对信息技术和网络技术的教育培训，加强对信息化应用水平的考核和监管力度，加大对网络与信息技术的应用研究和基础研究投入。此外，应加快电子商务的推广力度，电子商务的应用直接影响到供应链管理的运作水平。政府要在电子商务的发展中发挥宏观指导作用，加强各部门的相互协调，制定电子商务的有关政策，保持政策、法规和标准的一致性；企业也应该结合自身的情况，制定切实可行的解决方案，让电子商务能够真正地发挥作用。

2. 标准化问题

标准化是供应链管理高效运作的关键措施之一。我国已经建立了供应链中物流标识标准体系，这些标准的应用推广仍需要深入贯彻落实，并且整个供应链的标准应尽快统一起来。

对策：加强标准化建设工作，目前最为重要的是加强物流标识标准和运输工具标准化的协调和统一。为此，国家标准化工作的主管部门要协调好相关工作的落实，各单位间积极配合，共同把标准化工作做好。

3. 信息安全问题

信息安全问题一直以来都是制约电子商务发展的主要因素。目前我国在信息安全方面的法律法规、技术研究、基础设施和保护措施等都还不够完善，致使开展电子商务环境下的各种贸易活动的可靠性和安全性会面临一些风险。

对策：为了给电子商务环境下的供应链管理营造一个安全、可靠的实施环境，国家应加强有关网络信息安全的法律、法规建设，加大对网络犯罪的打击力度，做好网络信息安全的防范意识、策略和技术培训，加大网络安全保护设施的研发支持力度。

4. 信息资源的共享问题

在电子商务环境下的供应链管理模式中，信息共享是企业间实现协同运作的关键所在。信息共享不仅指企业内部的信息共享，更重要的是与关联企业和最终用户之间的信息共享。目前一些企业在这方面还存在不少问题，一些企业还在单独作战，没有能够将自己的各项职能与贸易伙伴集成起来，信息共享问题不容乐观，严重地影响了供应链运作的效率。

对策：实时、有效和全面的信息共享是电子商务环境下的供应链管理得以有效实施的

重要条件,各级政府部门和企业应进一步加强网络信息资源库的"共建共享"工作,在商品信息标准化的基础上,把构建各级信息资源库的建设纳入战略规划,并确保信息的实时性、真实性和全面性;同时还要进一步完善网络信息资源的有偿服务方式。

5. 供应链中各环节成员的利益分配问题

随着电子商务的发展,组织之间的信息流动和资金流动更加频繁,组织之间的相互联系也由单一渠道转变为多渠道,合作程度日益加深,组织之间不断融合,组织边界越来越模糊,最终整个价值链重新整合,形成一个虚拟的大企业,由此产生了企业间的利益分配问题。

对策:电子商务环境下的供应链管理中各成员间的利益分配可以按照各自在"虚拟组织"中扮演的角色和参与的环节,以及重要程度进行综合平衡,通过协商确定分配原则;同时,针对这一全新的营销与管理模式,加强相关问题的研究,不断完善和寻求"共赢"的利益分配策略。

6. 库存问题

在电子商务环境下的供应链管理中用信息代替库存,也就是企业持有的是"虚拟库存"而不是实物库存,只有到供应链的最后一个环节才交付实物库存,这样可以大大降低企业持有库存的风险。但是,这些"虚拟库存"如何应对市场的即时需求,库存的"实效性"问题受到考验。

对策:为了实现"零库存",以信息库存代替实物库存,提高企业的整体效益,必须加强供应商、制造商和客户三方信息的实时共享,确保"信息库存"的真实可靠、实时准确。

供应链合作关系是供应链各企业之间在一定时期内共享信息、共担风险、共同获利的合作关系。能改善和提高供应链企业的财务状况、质量、产量、用户满意度和业绩等。其发展使得供应链管理从以产品和物流为核心转向以集成与合作为核心。

📁 **小知识**

供应商选择指标

供应商选择的评估指标需要对未来将要合作的供应商进行全面的考核,以大致了解预期合作的潜在价值和预期的风险大小,为供应商最终的选择决策提供依据。在评估指标构建上,既要评判新供应商的企业素质、企业环境、企业文化等宏观层面的实力,又要评判企业在产品质量、技术、供货、财务、生产、售后等微观层面的实力。

企业素质:通过该指标对企业的规模以及企业在市场中的地位进行评估;

产品质量:通过该指标掌握企业提供产品的质量情况;

价格水平:通过该指标衡量该供应商供货的成本情况;

交货能力:通过该指标测算供应商的生产柔性;

售后保障:通过该指标了解供应商的售后服务;

企业环境评价:通过该指标了解企业现在发展状况;

企业发展潜力:通过该指标对供应商的发展前景进行评估。

巩固提高

一、简答题

1. 请简述供应链合作伙伴关系的概念。
2. 请分析供应链合作伙伴建立的一般步骤。
3. 简要阐述供应链合作伙伴的特征。

二、任务题

任务背景： 请分析如何建立供应链合作伙伴关系。

任务要求： 通过小知识分析供应商的选择应考虑哪些要素。

任务实施：

第一步：从需求和必要性方面分析市场竞争环境对供应链合作伙伴关系建立的作用。

第二步：用思维导图分析如何选择和建立合作伙伴关系。

第三步：简要分析如何通过建立评价体系和互评机制有效促进供应链合作伙伴关系的深化。

单元三 ▶ 了解供应链绩效评价

单元背景

动画微课 26
供应链绩效评价

麦当劳"一站式购物"的供应链绩效分析

麦当劳的供应链是三腿凳模式，即"公司—专营商—供应商"模式。

一般认为交付、反应能力、资产和库存成本是衡量供应链治理绩效的四大方面，我们采纳交付方面的绩效指标进行分析。

（1）服务水平。

麦当劳"麦乐送"服务的启动是麦当劳对传统餐厅经营模式的延伸，旨在为消费者提供更为便捷的就餐体验，令消费者不管在家还是在办公场所都能随时享用到与麦当劳餐厅内同样品质的食品。

（2）订单履行率。

订单履行率是指在 24 小时内履行的订单数占总订单数的比率。该比率越高，表明对市场的供给越充分，但可能造成过高的库存持有成本。

"麦乐送"高度集约及无缝连接的服务系统能够追踪每一份订单的进程，掌握从接到消费者的订餐电话或网上订单直至食品送达消费者手中的每一步情况。这些物流系统的支持为"麦乐送"服务提供了强有力的保障，使麦当劳做到了 24 小时全天候送餐，即使在营业高峰时段也能实现 30 分钟内送达的承诺。麦当劳的订单履行率也因此得到了认可。

（3）准时交货率。

准时交货率是指下层供应商在一定时刻内准时交货的次数占其总交货次数的百分比。分析麦当劳与供应商之间的情况，麦当劳将采购清单交给供应商，剩下的所有储藏运输等工作就不用再考虑。供应商的配送车队在每天晚上 23 点到凌晨 1 点之间必须完成送货，准点率在 98% 以上才算符合服务质量要求。

单元目标

知识目标
1. 掌握供应链绩效评价的概念。
2. 掌握供应链绩效评价的作用。
3. 了解供应链外包的关键指标评价。

能力目标
1. 能够使用供应链绩效评价工具。
2. 能够开展供应链绩效评价。

素养目标
1. 端正精益求精、公平公正的工作态度。
2. 树立企业责任感，激励员工企业荣誉感。
3. 培养团结协作能力和沟通协调能力。

知识储备

一、走近供应链绩效评价

随着经济的发展，供应链管理在制造业中普遍应用，成为一种新的管理模式。市场竞争不再是单个企业之间的竞争，而是供应链之间的竞争。因此，供应链管理绩效评价，对供应链运作和管理尤为重要。

供应链绩效评价指标应该能够恰当地反映供应链整体运营状况以及上下节点企业之间的运营关系。评价供应链运行绩效的指标，要综合考虑节点企业的运营绩效及其对其上层节点企业和整个供应链的影响。

供应链管理的绩效评价与单个企业绩效评价有着很大的不同：评价供应链运行绩效的指标，不仅要评价该节点企业的运营绩效，而且还要考虑该节点企业的运营绩效对其上层节点企业及整个供应链的影响等。所以对供应链绩效的界定要求更多强调企业和合作伙伴之间的沟通协作。

从价值角度给出供应链绩效的定义为：供应链各成员通过信息协调和共享，在供应链基础设施、人力资源和技术开发等内外资源的支持下，通过物流管理、生产操作、市场营销、顾客服务、信息开发等活动增加和创造的价值总和。

供应链绩效评价是指围绕供应链的目标，对供应链整体、各环节（尤其是核心企业运营状况以及各环节之间的运营关系等）所进行的事前、事中和事后的分析评价。评价供应链的绩效，是对供应链的整体运行绩效、供应链节点企业、供应链上的节点企业之间的合作关系所做出的评价。因此，供应链绩效评价指标是基于业务流程的绩效评价指标。

1. 供应链绩效评价原则

随着供应链管理理论的不断发展和供应链实践的不断深入，为了科学、客观地反映供应链的运营情况，应该考虑建立与之相适应的供应链绩效评价方法，并确定相应的绩效评价指标体系。反映供应链绩效的评价指标有其自身的特点，其内容比现行的企业评价指标更为广泛，它不仅仅代替会计数据，同时还提出一些方法来测定供应链的上游企业是否有能力及时满足下游企业或市场的需求。在实际操作上，为了建立能有效评价供应链绩效的指标体系，应遵循如下原则：

（1）应突出重点，要对关键绩效指标进行重点分析。

（2）应采用能反映供应链业务流程的绩效指标体系。

（3）评价指标要能反映整个供应链的运营情况，而不是仅仅反映单个节点企业的运营情况。

（4）应尽可能采用实时分析与评价的方法，要把绩效度量范围扩大到能反映供应链实时运营的信息上去。

（5）在衡量供应链绩效时，要采用能反映供应商、制造商及客户之间关系的绩效评价指标，把评价的对象扩大到供应链上的相关企业。

2. 供应链绩效评价指标的特点

根据供应链管理运行机制的基本特征和目标，供应链绩效评价指标应该能够恰当地反映供应链整体运营状况以及上下节点企业之间的运营关系，而不是单一地评价某一供应商的运营情况。

例如，对于供应链上的某一供应商来说，该供应商所提供的某种原材料价格很低，如果孤立地对这一供应商进行评价，就会认为该供应商的运行绩效较好。若其下游节点企业仅仅考虑原材料价格这一指标，而不考虑原材料的加工性能，就会选择该供应商所提供的原材料，而该供应商提供的这种价格较低的原材料，其加工性能不能满足该节点企业生产工艺要求，势必增加生产成本，从而使这种低价格原材料所节约的成本被增加的生产成本所抵消。所以，评价供应链运行绩效的指标，不仅要评价该节点企业的运营绩效，还要考虑该节点企业的运营绩效对其上层节点企业及整个供应链的影响。

3. 供应链绩效评价指标的作用

为了能评价供应链的实施给企业群体带来的效益，就需要对供应链的运行状况进行必要的度量，并根据度量结果对供应链的运行绩效进行评价。因此，供应链绩效评价主要有以下几个方面的作用。

（1）用于对整个供应链的运行效果做出评价。主要考虑供应链与供应链之间的竞争，为供应链在市场中的运行和发展提供必要的决策依据。通过绩效评价还可以获得对整个供应链运行状况的全面认识，找出供应链运作方面的不足，及时采取措施予以纠正。

（2）用于对供应链上各个成员企业做出评价。主要考虑供应链对其成员企业发展的带动与促进作用，吸引企业加盟，剔除不良企业。

（3）用于对供应链内企业与企业之间的合作关系做出评价。主要考察供应链的上游企业（如供应商）对下游企业（如制造商）提供的产品和服务的质量，从客户满意度的角度评价上、下游企业之间合作伙伴关系的好坏。

（4）对企业的激励作用。包括核心企业对非核心企业的激励，也包括供应商、制造商和销售商之间的相互激励。

二、供应链绩效评价的方法

1. 数据包络分析法（DEA）

数据包络分析法是运筹学、管理科学与数理经济学交叉研究的一个新领域。它是根据多项投入指标和多项产出指标，利用线性规划的方法，对具有可比性的同类型单位进行相对有效性评价的一种数量分析方法。这种方法的主要优点是能够直接快速地计算出多个决策单元间效率的相对有效性，并且能够适用多输入、多输出的复杂结构系统，有效快捷地进行综合目标评判；缺点是如果建模过程中指标选择不恰当会导致结果不准确，且实际操作难度大。

2. 关键绩效指标法（KPI）

关键绩效指标法是指根据宏观的战略目标，经过层层分解之后提出的具有可操作性的战术目标，并将其转化为若干个考核指标，然后借用这些指标，从多个维度，对组织或员工个人的绩效进行考核的一种方法。关键绩效指标的确立有一个很重要的原则，即 SMART 原则，其具体内容如图 6-5 所示。

SMART 原则	内容说明
Specific，明确的、具体的	指绩效指标要切中特定的工作目标，不是笼统的，而是应该适度细化，并且随情境变化而发生变化
Measurable，可度量的	指绩效指标或者是数量化的，或者是行为化的，同时需验证这些绩效指标的数据或信息是可以获得的
Attainable，可实现的	指绩效指标在付出努力的情况下可以实现，主要是为了避免设立过高或过低的目标，从而失去了设立该考核指标的意义
Realistic，现实的	指的是绩效指标是实实在在的，可以通过证明和观察得到，而并非假设的
Time-bound，有时限的	指在绩效指标中要使用一定的时间单位，即设定完成这些绩效指标的期限，这也是关注效率的一种表现

图 6-5　SMART 原则

3. 平衡记分卡法（BSC）

平衡记分卡法的关键在于将企业战略目标进行逐层分解转化，从财务、客户、内部运营、学习与成长四个角度，将组织的战略落实为可操作的衡量指标和目标值的一种新型绩效管理体系（见图 6-6）。人们通常称平衡计分卡是加强企业战略执行力的最有效的战略管理工具。

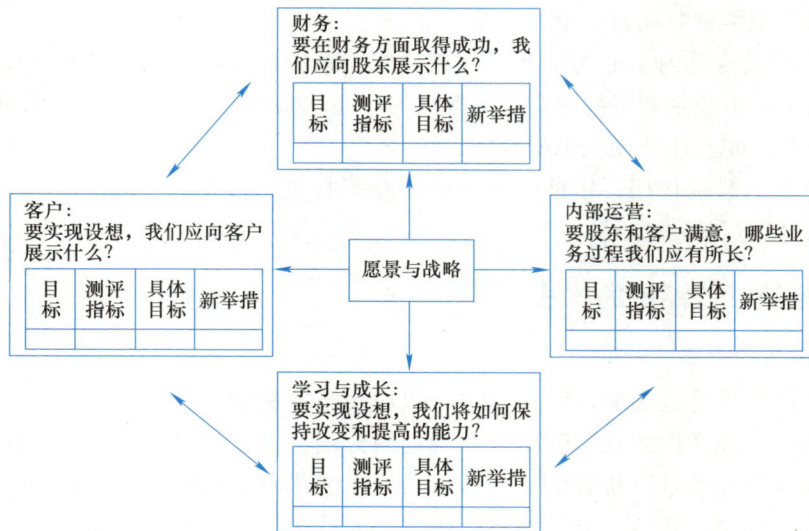

图 6-6　平衡记分卡

4. 模糊综合评价法

模糊综合评价法是一种基于模糊数学的综合评价方法。该评价方法根据模糊数学的隶属度理论把定性评价转化为定量评价，即用模糊数学对受到多种因素制约的事物或对象做出一个总体的评价。其具有结果清晰、系统性强的特点，能较好地解决模糊的、难以量化的问题，适合各种非确定性问题的解决。

三、供应链外包的关键指标评价

外包是近些年的热点，越来越多企业将不增值或效益不高的工序、产品转移到外部供应商，让供应商来完成。因此，供应链引进外包后关键指标如何评价也成为了研究的重点。

在外包供应链管理、制造或物流业务流程方面，要重点对第三方供应链外包公司在关键绩效要素和关键指标评价中进行绩效考评，主要表现为以下几个方面：

1. 服务质量评价

在对供应链外包服务公司在服务质量方面的考察中，重点了解第三方供应链服务公司在订单完成率和供应链保障过程中的准确率、准时率等指标；另外，通过客户服务满意度的考评，能够清楚地对外包服务公司员工的素质、服务态度、管理层职业经验等方面进行考察（见表6-1）。

表6-1　服务质量评价表

第三方成功领域	关键绩效要素	绩效指标评价标准
服务质量	第三方供应链外包订单完成度	订单完成量、完成率
		货物完整率、准时交付率
		准时发货、到达率
		客户服务满意度

2. 技术能力鉴定

在对供应链外包服务公司进行技术能力鉴定过程中，首先从运输过程中对保养技术、拼装技术、配送优化技术和运输设备性能等外在表现进行评价；然后从仓储技术能力中对仓储保管、仓储设备、仓储环境等方面进行考评；最后从信息管理系统和智能化、信息化水平在供应链管理方面的熟练程度和应用深度方面进行评价（见表6-2）。

表6-2　技术能力鉴定表

第三方成功领域	关键绩效要素	绩效指标评价标准
技术能力	专业技术领域	运输技术水平
		仓储技术水平
		智能化、信息技术水平

3. 物流和管理能力评价

在供应链管理过程中，物流、信息流、资金流的时效性和准确率非常重要，供应链外包服务公司必须在物流网点覆盖、库存情况统计、仓储场地的利用等方面进行优化，保证物流信息的及时性和准确率，并在日常运维过程中保持信息流应用的有效性（见表6-3）。

表6-3　物流和管理能力评价表

第三方成功领域	关键绩效要素	绩效指标评价标准
物流能力	供应链物流网络的有效性	网点覆盖率
		订单、库存准确率
		仓储利用率及应急管理水平
	信息流应用的有效性	物流信息及时性和准确率

4. 企业综合实力考量

在对供应链外包公司企业综合实力方面的考察中，主要从品牌价值、市场份额、市场增长率和利润率等方面进行评价。物流外包服务公司会接收各行各业的供应链外包业务，从其在行业的外包服务经验出发，对合作后的信息共享、信息反馈情况进行量化，通过企业形象和信誉信用的累积，从市场份额和利润水平反应企业规模和盈利能力等方面的实力（见表6-4）。

表6-4　企业综合实力考量表

第三方成功领域	关键绩效要素	绩效指标评价标准
外包企业综合实力	品牌价值和认可度	企业形象
		行业信誉
		行业经验
	市场份额	企业规模
		市场占有率
	外包获利情况	市场增长率
		外包营业纯利润率

5. 外包条件考察

在针对供应链服务公司外包条件的考量中，外包价格和期盼效果的统一是关键，如何让外包内容既符合企业的需求又在服务水平能够保证的范围之内，以及如何让外包"超值"是选择第三方供应链服务公司的主要考评方面。另外，由此产生的是部分外包还是全部外包，也是选择合作伙伴的关键指标（见表 6-5）。

表 6-5　外包条件考察表

第三方成功领域	关键绩效要素	绩效指标评价标准
外包协议达成的条件	外包成本核算	服务价格
	合作深度预判	信息共享程度
		合作深度

巩固提高

一、简答题

1. 请简述供应链绩效评价指标的特点和作用。
2. 利用思维导图梳理供应链绩效评价的方法。
3. 请列举供应链绩效评价和激励体系的作用。

二、任务题

任务背景：仔细阅读麦当劳供应链的案例。

任务要求：试分析麦当劳交付绩效考评指标的特点。

任务实施：

第一步：阅读案例并通过网络查找资料，了解麦当劳的供应链系统。

第二步：分析麦当劳供应链三腿凳模式的特点。

第三步：试分析麦当劳交付绩效考评指标选择的依据。

参 考 文 献

[1] 宋文官. 物流基础 [M]. 4 版. 北京：高等教育出版社，2014.

[2] 刘忠，金玉清，陈玉杰. 现代物流基础 [M]. 北京：清华大学出版社，2015.

[3] 郭冬芬. 现代物流基础 [M]. 2 版. 北京：人民邮电出版社，2018.

[4] 梁军，李志勇. 仓储实务管理 [M]. 3 版. 北京：高等教育出版社，2014.

[5] 杜学森. 企业物流管理实务 [M]. 3 版. 北京：首都经济贸易大学出版社，2017.